Unsere Muttersprache   8

Arbeitsheft

Cornelsen
VOLK UND WISSEN

Quellenverzeichnis:

Texte: S. 5 Auszug aus einem Interview mit Ulrich Berner, Autor des Buches „Klimafakten". Aus: www2.rz.hu-berlin.de/francopolis/Cons.II01/Klima.htm, © 2001 Francopolis (Text gekürzt) – S. 19 Oliver Popp: Kunst in Stein für Groß und Klein. Aus: Thüringer Allgemeine vom 07.08.1999. Erfurt: Thüringer Allgemeine Verlag GmbH & Co. KG – S. 20 Henry Düx: Die Polizei hat in den Himmel geschossen. Aus: Oder die Entdeckung der Welt. 10. Jahrbuch der Kinderliteratur. Hg. von Hans-Joachim Gelberg. Weinheim, Basel: Beltz Verlag, 1997, S. 26 f. – S. 22 Angelika Ehret: Auf dem Klo. Aus: Oder die Entdeckung der Welt. 10. Jahrbuch der Kinderliteratur. Hg. von Hans-Joachim Gelberg. Weinheim, Basel: Beltz Verlag, 1997, S. 16 f. – S. 28 Michael Ende: Momo. Berlin: Kinderbuchverlag, 1984, S. 10 (© Thienemanns, Stuttgart, 1973) – S. 29 Morton Rhue: Die Welle. Übers. von Hans-Georg Noack. Ravensburg: Maier, 1987, S. 8 f. – S. 33 Otto Heinrich Kühner: Parkplatz auf Lebenszeit. Aus: Der Pappkamerad und die Strohpuppe. München: Münchener Edition Schneekluth, 1984, S. 11 f. – S. 37 Das Paradies für Skater – ein Reisebericht. Nach: www.speedteams.de/flaeming_skate.html – S. 38 f. Helmut Wolle: Seitdem zittern die Ochsen. Aus: Götter, Mumien und Hetären. Berlin: Volk und Wissen, 1987, S. 247 f.

– S. 40 f. Vom Buchdruck zum Internet. Aus: Andreas Wilhelm: Welcome @ Internet. Der Ratgeber für Einsteiger und Insider. Freiburg: Herder Verlag (Kerle), 2001 – S. 43 Paul-Josef Raue: Gute alte Druckerschwärze. Aus: Wochenschau I, Nr. 6. Frankfurt am Main: Wochenschau Verlag, 11/12/1998, S. 250 f. – S. 45 Jugendliche gehen online. Aus: Gisela Ruprecht: Politische Bildung im Internet. Mit Tipps und Tricks. Schwalbach/Ts.: Wochenschau Verlag, 2001, S. 57 f. (gekürzt); Diagramm aus: JIM 2004. Jugend, Information, (Multi-)Media. Basisstudie zum Medienumgang 12- bis 19-Jähriger in Deutschland. Hg. von Medienpädagogischer Forschungsverbund Südwest. Stuttgart, 2004, S. 32 – S. 46 Diagramm aus: JIM 2004. Jugend, Information, (Multi-)Media. Basisstudie zum Medienumgang 12- bis 19-Jähriger in Deutschland. Hg. von Medienpädagogischer Forschungsverbund Südwest. Stuttgart, 2004, S. 34

Bilder: S. 8 ullstein bild / Sabine Simon, Berlin (2) – S. 13 Hans Wunderlich – S. 24 Zbigniew Lengren: Das dicke Lengren-Buch. Hg. von Hilde Arnold. Berlin: Eulenspiegel Verlag, 1976, S. 32 – S. 26 Bilderberg / Gromes, Hamburg; KANN-bild / Ernst Herb; Mauritius Bildagentur, Berlin – S. 27 ullstein bild, Berlin – S. 61 Ralf Hirschberger – S. 75 Transit / Tom Schulze

Autorinnen und Autoren: Hartmut Frentz, Viviane Korn, Viola Oehme, Steffen Peltsch, Gerda Pietzsch, Bianca Ploog, Anja Rebbin, Edith Sonntag, Viola Tomaszek, Hannelore Walther

Redaktion: Inge Barthel, Christina Nier, Karin Unfried

Autoren und Redaktion danken Simone Fischer und Bernd Skibitzki für wertvolle Anregungen und praktische Hinweise bei der Entwicklung des Manuskripts.

Umschlaggestaltung: Katrin Nehm
Illustrationen: Bernhard Förth
Layout: Stephan Rosenthal
Technische Umsetzung: L101 Mediengestaltung, Berlin

www.cornelsen.de

1. Auflage, 1. Druck 2006

Alle Drucke dieser Auflage sind inhaltlich unverändert
und können im Unterricht nebeneinander verwendet werden.

Druck: Merkur Druck, Detmold

ISBN-13: 978-3-06-100590-0
ISBN-10:   3-06-100590-0

Inhalt gedruckt auf Recyclingpapier, hergestellt aus 100% Altpapier.

Lerntechniken

Im Team arbeiten

1 Im Schulalltag erlebst du immer wieder, dass Aufgaben in einer Arbeitsgruppe, in einem Team, zu lösen oder zu bearbeiten sind. Auch außerhalb der Schule ist Teamarbeit gefragt.

a Was ist eigentlich ein Team? Schreibe einige Merkmale auf. Beginne so:

Ein Team oder eine Arbeitsgruppe

– ist eine kleine Gruppe von Personen, die

– _____

– _____

– _____

– _____

b Welchen Auffassungen stimmst du zu und welchen nicht?
Entscheide dich und begründe kurz deine Meinung.

	ja/nein	Begründung
Jedes Gruppenmitglied ist wichtig und hat etwas einzubringen.	ja	Wenn ein Mitglied sich ausge-schlossen fühlt bringt es keine Leistung mehr.
Alle sind gleichberechtigt.	ja	ja, zu niemand ist anders zu berücksichtigen als der jemand anders
Es ist gut, dass jedes Mitglied andere Stärken und Schwächen hat.	ja	Wenn jemand es nicht gut kann u. jemand anders kann das gut kann er dem anderen helfen.
Bei der Gruppenarbeit kann man sich schonen.	nein	Wenn das alle machen würden wäre keine gute Leistung erbringbar.
Man kann sich nur auf sich selbst verlassen.	nein	Wenn man das machen würde, müsste man alles selber machen
Man muss gemeinsam Regeln festlegen.	ja	Ich bin der gleichen Meinung, weil sonst würden manche mehr machen.
Alle müssen das Gleiche tun.	nein	Da würden sich alle auf die Fehler verschen
Ein Mitglied muss die Leitung übernehmen.	ja	Ja sonst würde das Team nicht wissen was sie machen sollen
Man muss sich mit den Besten zusammentun.	nein	Nein, wenn das alle machen würden würde der beste zusammenbrechen
Wer keine Leistung bringt, wird aus der Arbeitsgruppe ausgeschlossen.	jain	Das muss das Team selbst entscheiden
Alle Ideen werden gehört und berücksichtigt.	ja	Ja, wenn jemand die Idee nicht berücksichtigt wird, macht er nichts mit.
Alle Gruppenmitglieder arbeiten nach einem aufeinander abgestimmten Zeitplan.	ja	ja, sonst wär einer nach einer halben Stunde fertig u. jemand in zwei Stunden

2   Stelle einige wichtige Regeln für das Zusammenarbeiten im Team auf.
Orientiere dich an folgenden Stichwörtern:

gemeinsames Ziel ❖ *Engagement* ❖ *Zeitplan* ❖ *gemeinsame Verantwortung* ❖
gegenseitige Unterstützung ❖ *offener Meinungsaustausch* ❖ *Einhalten der Regeln*

_____

_____

_____

_____

3   Meist liegt die Lösung eines Problems nicht gleich auf der Hand. Also sind Ideen gefragt.
Dazu kannst du dich – in der Gruppe oder allein – unterschiedlicher Methoden bedienen.

a   Welche Methoden werden hier beschrieben? Ordne sie zu.

Brainstorming   *Clustering*   *Mindmapping*

- ist eine Methode der gedanklichen Planung, eine Sammlung von Gedanken zu einem bestimmten Thema. In der Mitte eines Blattes steht das Thema. Die Gedanken dazu werden in Stichpunkten an „Ästen" und „Zweigen" logisch und übersichtlich gruppiert. So werden die Ideen geordnet. Dabei entsteht eine Art Landkarte unserer Gedanken.

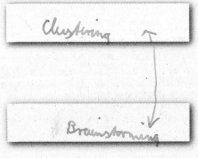

- ist ein Verfahren, durch Sammeln spontaner Einfälle eine Lösung (oder die beste Lösung) für ein Problem zu finden. Alle Ideen sind zugelassen und willkommen. Sie werden zunächst nicht bewertet. Eine Prüfung auf ihre Verwertbarkeit erfolgt erst später.

- ist vom Englischen *Cluster* = „Haufen", „Schwarm", „Gruppe" abgeleitet und heißt also wörtlich: Gruppen bilden. In die Mitte des Blattes wird das Thema als zentraler Begriff geschrieben. Diesem Begriff werden weitere Wörter und Teilthemen, die einem dazu einfallen, zugeordnet. Die Beziehungen zwischen den einzelnen Themen, z.B. Argument und Beispiel, Argument und Gegenargument usw., werden durch Linien gekennzeichnet. Diese Methode eignet sich für eine erste Stoffsammlung.

b   Stell dir vor, deine Arbeitsgruppe hat den Auftrag übernommen, das Thema „Was können wir für den Umweltschutz tun?" zu bearbeiten. Jetzt sind Ideen gefragt.
Nach welcher Methode sollte die Gruppe deiner Meinung nach mit der Arbeit beginnen? Begründe deine Antwort.

_____

_____

_____

Sprechen und Schreiben

Argumentieren – den eigenen Standpunkt vertreten
SB S. 8–16

1a Lies die beiden Texte aufmerksam durch und trage in die Tabelle diejenigen Argumente ein, die jeweils für (**pro**) oder gegen (**kontra**) eine Klimaveränderung durch Sonnenaktivität sprechen.

Behauptung: Die Sonne verursacht den größten Teil der Klimaveränderungen.	
Pro	Kontra

**Aus einem Interview
mit Ulrich Berner, Geologe und Autor
des Buches „Klimafakten"**

„[...] Natürlich fügt der Mensch der Atmosphäre CO_2 hinzu. Aber wie groß die Auswirkungen auf das Klima sind, das vermag im Augenblick noch niemand zu sagen. Ich be-
5 zweifle, dass der Temperaturanstieg der letzten 150 Jahre vollständig auf CO_2 zurückzuführen ist. Neuere Computersimulationen zeigen, dass wir den Temperaturverlauf nur nachvollziehen können, wenn wir den Einfluss der
10 Sonne mit einberechnen [...]. In ganz bestimmten Zyklen bilden sich auf ihrer Oberfläche mal mehr und mal weniger Sonnenflecken. Wir haben bislang unterschätzt, wie stark diese Sonnenflecken das Wettergeschehen auf
15 der Erde steuern. Denn erstaunlicherweise ändert sich mit der Zahl der Sonnenflecken auch die Wolkenbedeckung auf der Erde. [...]

Und wenn wir mehr Wolken haben, reflektiert auch mehr Energie zurück in den Weltraum.
20 Sind weniger Wolken da, gelangt mehr Energie in unser irdisches Klimasystem. [...]
Schauen wir uns die letzten 150 Jahre an.
Der CO_2-Anstieg in der Atmosphäre stimmt nicht mit der Temperaturkurve überein. Bis
25 1940 hat es einen Temperaturanstieg gegeben, der vom Anstieg des Kohlendioxids überhaupt nicht mitgemacht wurde. Dann wiederum sind Anfang der fünfziger Jahre die Temperaturen gefallen, während das Kohlendioxid in
30 der Atmosphäre zugenommen hat. [...]"

Klimaveränderungen
Almuth Kling

Niemand kann mehr leugnen, dass sich das Klima verändert. Immer häufiger auftretende Naturkatastrophen, wie heftige Unwetter, Überschwemmungen oder Dürreperioden, das
5 langsame Abschmelzen der Polkappen, warme Winter und verregnete Sommer sind ein untrügliches Zeichen für eine Erwärmung der Erdatmosphäre. Über die Gründe sind sich die Wissenschaftler nicht ganz einig, weil das
10 Klima ein hoch kompliziertes Phänomen ist. Einige behaupten, die Sonne trage wesentlich zu irdischen Klimaschwankungen bei, die Mehrzahl jedoch ist der Ansicht, die Menschen verursachen zu einem großen Teil die Klima-
15 veränderungen selbst. Kohlendioxid, zum Beispiel, ist ein so genanntes Treibhausgas, das dazu beiträgt, dass sich ein Teil der Sonnen-wärme in der Erdatmosphäre hält und die Erde nicht auskühlt. Durch den Verbrauch fossiler

20 Brennstoffe wie Erdgas, Erdöl und Kohle und durch die Brandrodung tropischer Regenwälder hat sich die Konzentration dieses Gases in der Atmosphäre erhöht. Dadurch hält sich mehr Sonnenstrahlung in der Atmosphäre.
25 Es wird wärmer. Aufgrund dieser Erwärmung verändert sich auch das Wetter, z.B. verdunstet mehr Wasser aus den Meeren, es bilden sich mehr Wolken und es regnet mehr. Meteorolo-gen konnten außerdem mithilfe von Satelliten
30 eine Erwärmung der Atmosphäre nachweisen und dass diese in direktem Zusammenhang mit dem Einwirken des Menschen steht.

b Welche Gedanken und welche Kenntnisse hast du zum Thema „Treibhauseffekt und Klima-wandel?" Schreibe deine Ideen auf ein extra Blatt Papier in Form eines Clusters auf. Berücksichtige die Hinweise zum Clustering auf Seite 4.

2 Daniela soll ein Kurzreferat zum Thema „Die Flutkatastrophe an der Elbe und ihre Ursachen" halten. Sie hat bereits Material gesammelt und will es nun ordnen. Du kannst ihr dabei helfen.

a Zunächst sucht Daniela aus ihrem Material alle Behauptungen / Thesen heraus. In welchen der folgenden Sätze werden Thesen formuliert? Markiere sie.

! Beachte: Eine These ist eine Behauptung, die als Ausgangspunkt für die Darstellung eines Standpunkts dient.

Beispiel Ursache der Flutkatastrophe entlang der Elbe ist die Begradigung des Flusses.

(1) Die Einbetonierung der Flussufer führt zu häufigeren Über-schwemmungen.
(2) Der Bach vor unserer Haustür tritt nach jedem Gewitter über die Ufer.
(3) Viele Flüsse führen mehr Wasser, weil es stärker regnet.
(4) Nicht einmal die Elbwiesen in Dresden konnten die Wasser-massen auffangen.
(5) Die Erwärmung der Atmosphäre führt zu stärkeren Regenfällen.
(6) Die Überschwemmungen haben nur natürliche Ursachen.

! ★ Erinnere dich: Eine These muss begründet werden, damit sie deinen Gesprächspartner oder Leser überzeugt. Als Begründungen können Tatsachen (Fakten, Ereignisse, statistische Daten) dienen, aber auch eigene Erfahrungen und Erlebnisse.

b Als Nächstes sucht Daniela Begründungen für die Thesen, die sie gesammelt hat. Welche der folgenden Aussagen sind als Begründungen geeignet?

(1) Wissenschaftler haben festgestellt, dass die durchschnittliche Niederschlagsmenge im Vergleich zu früheren Jahren deutlich angestiegen ist.

(2) Viele Leute kamen, um zu helfen.

(3) Schwere Unwetter in den Bergen haben messbar zu einem Anstieg des Wassers geführt, den auch unbegradigte Flüsse nicht hätten verkraften können.

(4) Wenn es viel regnet, muss das Wasser irgendwo bleiben.

(5) Unbegradigte Flussläufe zeigen, wie sich größere Wassermassen verteilen, anstatt über die Ufer zu treten.

(6) Einige Leute stapelten Sandsäcke vor Türen und Fenstern, um ihre Häuser vor dem Wasser zu schützen.

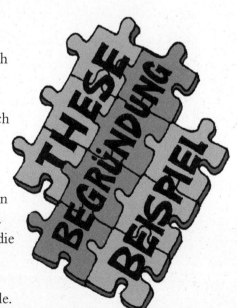

c Um sich einen Überblick über ihr Material zu verschaffen, versucht Daniela herauszufinden, welche Thesen durch welche Begründungen gestützt werden. Schau dir die markierten Thesen und Begründungen (Aufg. a und b) noch einmal an und ordne zu.

Beispiel　These 1 → Begründung 5

_____

_____

d Daniela möchte sich in ihrem Referat auf überzeugende Argumente stützen. Deshalb sucht sie zum Schluss nach treffenden Beispielen zur Veranschaulichung. Welche der folgenden Sätze hältst du für gute Beispiele, um die unter Aufgabe b genannten Begründungen zu stützen? Markiere sie.

(1) Mit Sandsäcken lassen sich Deiche gut verstärken.

(2) An dem unbegradigten Bach im Park kann man sehen, wie sich viel Wasser seinen eigenen Weg bahnt, ohne zu einer heftigen Überschwemmung zu führen.

(3) Gegen das Oder-Hochwasser 1997 konnten die Menschen auch nur wenig tun.

(4) Auch als die Flüsse noch nicht begradigt waren, gab es Überschwemmungen mit schlimmen Folgen.

(5) In der Wissenschaftszeitschrift _Geo_ kann man nachlesen, dass ein wichtiger Aspekt des Klimawandels höhere Niederschläge sind.

(6) Allein 2000 Leute kamen aus dem Nachbarort, um zu helfen, die Deiche zu verstärken.

e Ergänze in Aufgabe c die von dir in Aufgabe d markierten Beispiele.

Beispiel　These 1 → Begründung 5 → Beispiel 2

Unbegradigter Flusslauf

Begradigter Flusslauf

f Formuliere aus den Thesen, Begründungen und Beispielen jeweils einen kurzen Text.
Schreibe auf ein extra Blatt Papier.

Beispiel   Die Einbetonierung der Flussufer führt zu häufigeren Überschwemmungen. Sind
Flussläufe dagegen unbegradigt, verteilen sich größere Wassermassen. Das ist
z.B. am Bach im Park zu sehen. Hier bahnt sich viel Wasser seinen eigenen Weg,
ohne zu einer Überschwemmung zu führen.

3 Damit These, Begründung und Beispiel nicht nur einfach aneinander gereiht werden, können dir
bestimmte Wörter und Wortverbindungen helfen, einen flüssigen und abwechslungsreichen Text
zu formulieren. Lies den folgenden Dialog zwischen Frederik und Susan und fülle die Lücken
mithilfe passender Wörter oder Wortgruppen.

obwohl ❖ *trotzdem* ❖ *denke* ❖ *ebenso* ❖ *zum Beispiel* ❖ *aber* ❖ *schließlich* ❖ *weil* ❖ *darüber hinaus* ❖
deshalb ❖ *außerdem* ❖ *denn* ❖ *daher* ❖ *aus diesem Grund* ❖ *daraus ergibt sich* ❖ *daraus folgt* ❖
nicht zuletzt ❖ *weiterhin* ❖ *sofern* ❖ *soweit* ❖ *aufgrund von* ❖ *finde* ❖ *meiner Ansicht nach*

FREDERIK: Ich _____, dass die Leute viel zu viel Aufhebens um die Flutkatastrophe

machen. Früher hat es doch auch schon Überschwemmungen gegeben, _____ die

Flüsse nicht so einbetoniert waren wie heute. _____ hat es auch früher geregnet.

SUSAN: _____ die Überschwemmungen waren nicht so schlimm, _____

die Flüsse hatten viel mehr Platz, um sich auszubreiten. _____ wohnten und

arbeiteten nicht so viele Leute direkt am Wasser.

FREDERIK: _____ heißt das nur, dass nicht so viele Leute ertranken oder

ihren Besitz verloren. _____ wie weit das Wasser tatsächlich kam, kann man doch

gar nicht mehr sagen. _____ konnte das Wasser früher bestimmt noch nicht

so viel kaputtmachen wie heute, _____ doch noch gar nicht so viel da war.

SUSAN: Die Menschen haben _____ doch nicht weniger gelitten! _____

sind doch die Ursachen für die Flutkatastrophe das Problem, _____ es war schon

die zweite innerhalb weniger Jahre. _____ haben viele Angst, dass so etwas

wegen der Klimaveränderung immer öfter vorkommt.

Sich schriftlich mit einem Problem auseinander setzen – Erörtern

Lineare Erörterung

→ SB S. 17–18

Tipps: Schritte, die du beim linearen Erörtern eines Problems gehen solltest

1. Wenn nicht vorgegeben, formuliere das Problem als Frage- oder Aussagesatz.
2. Notiere Fakten und Gedanken zu dem Problem.
3. Stelle eine Behauptung (These) auf.
4. Sammle zu deiner These Argumente (Begründung + Beispiel).
5. Ordne deine Argumente. Beginne mit dem schwächsten und ende mit dem stärksten.
6. Formuliere deinen Standpunkt. Belege ihn mithilfe von Begründungen und Beispielen.

---

1 Lies den folgenden Zeitungskommentar aufmerksam durch.

Fünf Minuten vor zwölf
Isabella Schmal

Es ist alarmierend: Auf der ganzen Welt häufen sich die Umwelt- und Naturkatastrophen. In Deutschland überschwemmt eine Flutwelle weite Teile Ostdeutschlands, in den südeuro-
5 päischen Ländern müssen die Menschen mitten im Sommer die Wintermäntel wieder auspacken und im Sudan herrscht eine Dürre. Das Klima spielt verrückt und wir Menschen sind schuld daran. Nicht nur, dass wir ständig in die
10 Natur eingreifen, indem wir Flüsse begradigen, Wälder roden, Brandkatastrophen auslösen – wie in den USA geschehen. Nein, wider besseres Wissen pusten wir jedes Mal, wenn wir einen Herd oder die Heizung anstellen, ins Auto
15 oder gar ins Flugzeug steigen, mehr Kohlendioxid in die Atmosphäre, als dieser Planet verkraften kann. Für Klimaforscher ist die Ursache schon lange klar: Die Durchschnittstemperatur auf der Erde steigt. Das bedeutet
20 mehr Energie in der Atmosphäre, wodurch mehr Wasser verdunstet, was wiederum stärker auf uns herabregnet. In einigen Teilen der Welt entstehen so mehr Wolken, die die Sonnenwärme wieder ins All reflektieren, sodass es dort
25 kälter wird. In anderen Teilen der Welt wird es wärmer und es regnet gar nicht mehr. Gleichzeitig entstehen größere und heftigere Unwetter, die immer mehr Menschenleben kosten und die Landschaft verwüsten.
30 Diese Liste ließe sich endlos verlängern. Die großen Flutkatastrophen und Überschwemmungen sind ein Warnsignal. Nehmen wir das nicht endlich zur Kenntnis, geschieht es uns recht, wenn der Ast, an dem wir seit Jahrzehn-
35 ten sägen, endgültig abbricht.

a Notiere in einem Satz, zu welchem Problem sich die Kommentatorin äußert.

_____

_____

_____

b Welche Behauptungen vertritt sie? Trage jeweils den Anfang des Satzes in die Tabelle auf Seite 10 ein und füge die Zeilenangaben hinzu.

Behauptungen	Argumente
Behauptung 1: Auf der ganzen Welt ... (Z. 1–2)	

c Mit welchen Argumenten stützt die Autorin ihre Behauptungen? Notiere auch hier Satzanfänge und Zeilenangaben.

2 „Sollten Handys in der Schule verboten sein?" Setze dich mit diesem Problem auseinander.

a Notiere deine Argumente (Begründung + Beispiel). Ordne sie nach ihrer Wichtigkeit.

Begründung	Beispiel

b Formuliere deinen Standpunkt, begründe ihn und veranschauliche deine Gründe mithilfe von Beispielen. Schreibe auf ein extra Blatt Papier.

! Du weißt, zu einer Erörterung gehört auch ein Schluss, der deinen Text abrundet.

c Anne hat den folgenden Schluss gewählt:

Ich bin gegen Verbote. Aber es stört mich, wenn im Unterricht ständig ein Handy klingelt. Deshalb sollten wir freiwillig beschließen, unsere Handys im Unterricht auszuschalten.

Anne fordert ihre Mitschülerinnen und Mitschüler zu etwas auf. Sie appelliert an ihre Einsicht. Formuliere einen ähnlichen appellierenden Schluss zu deiner Erörterung (Aufg. b).

B *Pro-und-Kontra-Erörterung*

→ SB S. 19–20

1 Frederik hat den Kommentar (Seite 9, Aufg. 1) gelesen und der Zeitungsredaktion einen Brief geschrieben.

a Lies den Brief zunächst sorgfältig durch.

> Liebe Redaktion,
> der Kommentar in Ihrer Zeitung hat mich sehr zum Nachdenken angeregt. Doch obwohl die Autorin es sicher darauf angelegt hatte, mich zu überzeugen – es ist ihr nicht gelungen. Ich finde, man kann nicht alle Schuld auf die Menschen schieben.
> 5 Das Klima ist so kompliziert, dass es sich nicht so eindeutig sagen lässt, was alles zu seiner Veränderung beiträgt. Die Meteorologen sind ja nicht einmal in der Lage, das Wetter für längere Zeit vorauszusagen. Wie oft hat es schon geregnet, obwohl sie Sonnenschein angekündigt hatten! Außerdem haben doch schon viele Menschen ein Bewusstsein für den Klimaschutz entwickelt. Viele nutzen ökologisch verträgliche
> 10 Energien wie Wind- und Sonnenkraft. Darüber hinaus wird doch auch viel getan, um Wälder wieder aufzuforsten und den Regenwald zu retten. Ich bin der Ansicht, dass schon einiges passiert, um dem Klimawandel entgegenzuwirken. Anstatt so negativ über die Menschen zu reden, sollte man Hoffnung haben, dass die Menschen lernen und sich bessern. Es dauert bloß seine Zeit und schließlich liegt es doch auch
> 15 an ihnen, ihre Fehler wieder gut zu machen.

b Welche Thesen vertritt Frederik gegenüber der Kommentatorin?
Notiere jeweils den Anfang des Satzes und füge die Zeilenangaben hinzu.

! Beachte: Eine Gegenthese ist eine Behauptung, die gegen
eine vorher aufgestellte These Position bezieht.
Ein Gegenargument versucht, die Argumente des Gegenübers
zu widerlegen, und unterstützt die Gegenthese.
Gegenbeispiele veranschaulichen die Gegenargumente.

Gegenthesen	Gegenargumente
Gegenthese 1:	

c Suche aus Frederiks Brief auch die Argumente heraus und geh vor wie in Aufgabe b.

Tipps: Was du bei einer Pro-und-Kontra-Erörterung beachten musst

- Im Unterschied zur linearen Erörterung musst du in einer Pro-und-Kontra-Erörterung beide Seiten (Pro und Kontra) beleuchten.
- Überlege genau und entscheide dann, welche Position du zu einem bestimmten Problem einnimmst – Pro oder Kontra.
- Beginne mit der Erörterung der Gegenposition, und zwar mit deinem stärksten Argument.
- Leite dann zu deinem eigenen Standpunkt über.
- Beginne bei der Erörterung deines Standpunkts mit dem schwächsten Argument, sodass du das stärkste Argument zum Schluss, sozusagen als Trumpf, einsetzen kannst.

2   Um gegensätzliche Positionen überzeugend ausdrücken zu können, brauchst du passende Wendungen, z.B.:

dagegen spricht, dass …; noch wichtiger aber ist die Tatsache, dass …; dabei darf man

nicht übersehen, dass …; ein anderer Gesichtspunkt ist …

_____

_____

_____

Füge weitere geeignete Wendungen hinzu.

3   Welche Position vertrittst du zu der These „An den Klimaveränderungen sind allein die Menschen schuld"?
Formuliere einen Leserbrief. Nutze die in den Texten auf den Seiten 9 und 11 gegebenen Thesen und Argumente. Geh vor, wie im Rahmen oben vorgeschlagen.

_____

_____

_____

_____

_____

_____

_____

_____

_____

_____

Berichten in unterschiedlichen Situationen

B *Ein Protokoll schreiben*

➔ SB S. 26–27

1 Im Physikunterricht wird ein Experiment zur Oberflächenspannung des Wassers durchgeführt. Das Experiment zeigt, dass bei der Zerstörung dieser Spannung Kräfte auftreten, die sogar ein selbst gebasteltes Schiffchen antreiben können. Deshalb nennt sich das Experiment auch „Der Wassermotor".

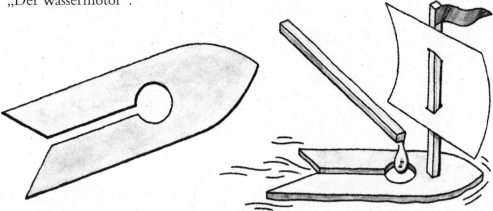

Philip fertigt ein Protokoll über Verlauf und Ergebnis des Experiments an.

Philip Scholz
Klasse 8 b
Fach: Physik

                             10.02.2005

Experiment zur Kohäsion und Adhäsion von Wasser

Für dieses Experiment brauche ich ein Gefäß mit Wasser, ein Stückchen Karton, eine Schere u. etwas Spülmittel.
Zuerst baue ich das Schiffchen. Ich habe dazu die Bootsform – w. i. d. Abbildung – ausgeschnitten. Am Heck des Schiffchens bringt man als Antrieb einen dünnen Kanal an, der im Schiffsrumpf in einer Erweiterung endet (m. e. Aktenlocher eingestanzt). Dann schmücke ich das Schiffchen noch aus, z.B. mit einem Hölzchen als Mast und einem Segel aus Papier. Mast und Segel klebt man mit etwas Leim auf den Schiffsrumpf. Nun wurde das Schiffchen in das Wasser gesetzt und „aufgetankt". Dazu lasse ich an einem Hölzchen – es kann auch eine Stricknadel oder eine Fahrradspeiche o. Ä. sein – einen Tropfen Spülmittel in die Aussparung im

Schiffsrumpf laufen. Gleich saust das Schiffchen los.

Das Spülmittel hatte die Wasseroberfläche
entspannt, indem das Spülmittel die Kohäsion am Heck verminderte. Am Bug war das
Festhalten der Flüssigkeitsmoleküle am Schiffchen (Adhäsion) größer als am Heck.
Dadurch wird eine Kraft erzeugt, die das
Schiffchen vorwärts zieht.

a Hat Philip die Forderungen, die an ein Protokoll gestellt werden, eingehalten?
Kreuze an und begründe deine Antwort. ⎵ja ⎵nein ⎵zum Teil

b An welchen Stellen kann der Text deiner Meinung nach gekürzt werden?
Wo sind Ergänzungen notwendig? Füge deine Korrekturen in die Randspalte ein.

c Die sprachliche Form des Protokolls leidet unter
– dem Wechsel zwischen persönlicher und unpersönlicher Ausdrucksweise,
– dem Wechsel der Tempusformen des Verbs,
– der Wiederholung von Einzelwörtern.

Markiere diese Mängel und schreibe die korrigierte Form in die Randspalte.

d Welche Abkürzungen – auch ganz persönliche – hat Philip verwendet? Was bedeuten sie?
Schreibe die Vollformen in die Randspalte. Kennzeichne diejenigen Abkürzungen, die du auch in
Wörterbüchern findest.

2 In Protokollen findest du oft folgende Abkürzungen. Ergänze den vollständigen Wortlaut.

vgl.	jmd.
ebd.	Anm.
dgl.	bes.
lfd.	ff.
Abb.	Art.
d.h.	rd.
evtl.	Bez.
Ggs.	usw.
etw.	u.

! Du weißt, man unterscheidet zwei Arten von Protokollen: das Verlaufs- und das Ergebnisprotokoll.
★ Der Zweck, dem dein Protokoll dienen soll, entscheidet darüber, welche Art von Protokoll
du anfertigen musst.

3 Philip hat für sein Protokoll (Aufg. 1) eine Mischform gewählt. Er hat sowohl den Verlauf als auch
das Ergebnis des Experiments protokolliert.

a Welchen Zweck könnte er damit verfolgt haben?

_____

_____

b Als Gedächtnisstütze reicht es manchmal aus, Verlauf und Ergebnis eines Experiments kurz und
knapp festzuhalten. Versuche Philips Protokoll in diesem Sinn
zu ändern. Nutze das folgende Muster.

Versuchsprotokoll

Name: _____

Ort: _____   Datum: _____

Aufgabe: _____

_____

Geräte und Materialien: _____

_____

Durchführung: _____

_____

_____

_____

Beobachtung: _____

_____

_____

Auswertung (Folgerung): _____

_____

_____

4 Fertige ein Protokoll über ein von dir selbst durchgeführtes Experiment an.
Orientiere dich an dem Muster in Aufgabe 3 b.
Schreibe auf ein extra Blatt Papier.

Einen Zeitungstext verfassen
➜ SB S. 28–32

1a Lies zunächst nur die Überschrift des folgenden Textes. Formuliere mit wenigen Worten, welche Informationen du von diesem Zeitungsartikel erwartest.

_____

_____

b Lies nun den gesamten Text und vergleiche den Inhalt mit deinen Vorstellungen und Überlegungen. Was stellst du fest? Wie kommt es zu Übereinstimmungen oder Abweichungen?

_____

_____

_____

Bolzenschneider sehr beliebt
Große finanzielle Schäden durch Vandalismus

(TA) Spielplätze fallen häufig der Zerstörungswut Jugendlicher zum Opfer. Die Jugendlichen reagieren mit Vandalismus auf fehlende Angebote für ihre Altersstufe.

Immer wieder müssen die Mitarbeiter des Garten- und Friedhofsamtes, die für die Instandhaltung und Ordnung auf den städtischen Spielplätzen verantwortlich sind, feststellen, dass Spielgeräte mutwillig zerstört und Spielplätze mit Zigarettenkippen und Getränkedosen verunreinigt wurden. Die
5 Jugendlichen nutzen Bolzenschneider, um Drahtzäune zu durchtrennen und Klettergerüste unbrauchbar zu machen. Am 2. August gelangten sie auf diese Art auf das Gelände eines Spielplatzes an der nördlichen Gera-Aue. Da das Gebiet etwas abseits liegt, bietet sich hier die beste Gelegenheit für die Ran- dalierer, relativ unbeobachtet ihr zerstörerisches Spiel zu treiben. In dieser
10 Nacht zerschnitten die jugendlichen Täter alle Seile des Kletternetzes, zertra- ten die Holzwände der Spielhütten und beschmierten die anderen ursprüng- lich farbenfroh gestalteten Spielgeräte mit schwarzer Farbe. Der entstandene Sachschaden beträgt mindestens 2200 €. Da die städtischen Kassen leer sind, werden die Kinder eine Weile warten müssen, bevor sie ihren Spielplatz wie-
15 der nutzen können. Die Täter konnten noch nicht ermittelt werden. In Gesprächen mit Jugendlichen aus dem Einzugsgebiet wurde jedoch das Problem deutlich, dass sie sich von den Stadtvätern stiefmütterlich behandelt fühlen. Die Jugendlichen waren einhellig der Meinung, dass es für sie kaum Freizeitangebote oder Treffpunkte im Wohngebiet gibt. Wegen Lärmbelästi-
20 gung der Anwohner wurden bereits vorhandene Möglichkeiten, wie z. B. eine Tischtennisplatte oder ein Bolzplatz, wieder abgebaut.

2 Damit man den Inhalt des Artikels (Aufg. 1) schneller erfassen kann, ist es sinnvoll, den Text in Abschnitte einzuteilen.

a Markiere die einzelnen Abschnitte des Textes farbig.

b Fasse die Informationen jedes Abschnitts in wenigen Stichworten zusammen und schreibe sie in die Randspalte.

3 Äußere deine Meinung zum Inhalt des Textes der Aufgabe 1.

a Was hältst du von den im Text beschriebenen Reaktionen der Jugendlichen auf mangelnde Freizeitangebote für ihre Altersklasse?

_____

_____

_____

_____

b Welche Lösungen der angesprochenen Probleme (Vandalismus, fehlende Freizeitangebote) könntest du dir vorstellen?

_____

_____

_____

_____

4 Ein Zeitungsbericht besteht aus verschiedenen Teilen.

a Schau dir den Text auf Seite 16 noch einmal genau an. Aus welchen Teilen besteht dieser Bericht? Du kannst auch im Schülerbuch auf Seite 92 nachlesen.

_____

b Welche Aufgabe haben die einzelnen Teile in diesem Bericht? Notiere jeweils einen Satz.

_____

_____

_____

5 Wie könnte der Aufmacher des Berichts auf Seite 16 auch lauten? Formuliere eine Variante. Überlege, ob du den Textkörper nun ebenfalls verändern musst.

Schlagzeile: _____

Unterzeile: _____

Veränderung im Textkörper: _____

_____

6 Zeitungsmacher wollen umfassend über Ereignisse berichten. Dazu werden im Text so genannte *W*-Fragen beantwortet. Untersuche den Text auf Seite 16 und beantworte die *W*-Fragen.

Wer? _____

Was? _____

Wann? _____

Wo? _____

Wie? _____

_____

Warum? _____

_____

7 Nachrichten werden entweder ausführlich oder in kurzer Form formuliert, das hängt von ihrer Wichtigkeit ab oder einfach nur vom Platz, der auf der Seite zur Verfügung steht.

a Wie heißen die beiden Textsorten?

Langform: _____ Kurzform: _____

b Schreibe den Artikel auf Seite 16 zu einer Meldung um. Formuliere drei verschiedene Varianten.

Völlig zerstört _____

_____

_____

_____

Mit Bolzenschneidern haben Jugendliche _____

_____

_____

_____

Fehlende Freizeitangebote _____

_____

_____

_____

c Welche inhaltlichen Akzente wurden durch den Satzanfang jeweils gesetzt?

_____

_____

_____

8 Ein Zeitungsredakteur muss sich genau an bestimmte Zeilenvorgaben und Anschläge beim Schreiben und Layouten der Nachrichten halten.

Versetze dich in die Rolle einer Redakteurin / eines Redakteurs und schreibe zu folgendem Artikel einen Aufmacher.

Schreibe auf ein extra Blatt Papier. An diese Vorgaben musst du dich halten:

> **Schlagzeile** – max. 35 Anschläge
> **Unterzeile** – max. 45 Anschläge

Die kleinen Künstler hatten sich zur Eröffnung ihres Kreativ- und Abenteuerspielplatzes „Kasper" in Erfurt etwas einfallen lassen: Mit Schminkangeboten, Fettbroten und Ziege Hanna lockten sie Neugierige und Kunstken-
5   ner an, ihre zu Stein oder Holz gewordenen Fantasien zu besichtigen.

„Bei unserer Katze mussten wir ganz schön aufpassen, aber Mike hat dann doch die Schnurrbarthaare hinge-kriegt", stellt Sandra eines der Kunstwerke vor.
10   Stubentiger, Schildkröte und Elefant aus Beton wurden auch gleich als Sitzgelegenheiten auf dem Spielplatz eingeweiht.

Während einer Kreativwoche haben Kinder und Jugend-liche im Alter von sechs bis sechzehn Jahren unter
15   Anleitung der Künstlerin Uta Hünniger diese Tiere aus Beton entstehen lassen. Sie schufen außerdem bemalte Holzskulpturen, Kleinmöbel und Tierbehausungen. Material und Werkzeuge wurden zur Verfügung gestellt, Ideen waren in der Gruppe genug vorhanden. „Meist
20   müssen die Kinder nur für sich entdecken, dass sie auch mit einfachsten Mitteln zaubern können. Mit dem Stolz auf das Geschaffene reagieren sie auch entspannter auf Alltagsprobleme", stellt die Künstlerin rückblickend

fest. Im nächsten Jahr soll ein weiteres künstlerisches
25   Großprojekt folgen, wenn die nötigen Mittel von der Stadt zur Verfügung gestellt werden.

Im „Kasper", der Begegnungsstätte für Kinder und Jugendliche, arbeiten vier Mitarbeiter des „Domino e.V.". Die Einrichtung wird von der Stadt Erfurt unterstützt.
30   „Kasper" wurde vor vier Jahren gegründet und er-streckt sich auf dem riesigen Areal einer Kleingarten-anlage, die mit der Wende stillgelegt wurde.

„In Thüringen und selbst im weiteren Umkreis sind wir eine einmalige Einrichtung. Gerade im Sommer haben
35   wir immer ein volles Haus. Hüttenbau, das Theater, die Werkstatt und der Tier- und Biogarten sind sehr ge-fragt", meint Betreuer Klaus Schäler. Die strengen Platz-regeln wurden von den Kindern und Jugendlichen selbst aufgestellt, denn das Aufgebaute wollen sie nicht
40   verlottern lassen. Schäler ergänzt: „Viele der fernseh-geschädigten Kinder lernen hier im Umgang mit anderen die Welt zu verstehen."

Der Platz soll weiter wachsen, z. B. will man mit der Kommune über den hinteren Bereich verhandeln, um
45   dort eine grüne Oase für Jung und Alt zu gestalten.

Erzählen

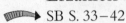 SB S. 33–42

Ordnung in eine Geschichte bringen

1 a Die folgende Erzählung über das iranische Mädchen Shara ist beim Schreiben im PC durcheinander geraten. Die Absätze wurden vertauscht. Lies die sechs Abschnitte und schreibe die Nummern für die richtige Reihenfolge der Absätze in die Kästchen.

Die Polizei hat in den Himmel geschossen
Henry Düx

Shara wurde böse und riss ihre Augen weit auf. „Weil ich nicht schlafen konnte, konnte ich nicht in die Schule morgens. Es ist auch zu gefährlich. Vielleicht stehen sie an der Ecke." „Wie soll es weitergehen, was macht ihr jetzt, du musst doch in die Schule?" „Sie haben gesagt, sie kommen heute Abend wieder."

„Sie haben in den Himmel geschossen, nachts, hell war es", sagt die achtjährige Shara aus dem Iran und lacht. Sie spricht sehr gut Deutsch. Shara ist mit ihrer Mutter zu Herrn Kreuz, dem Rechtsanwalt, gekommen. Die Mutter ist mit der Tochter aus dem Iran geflüchtet. Sie war dort in einem Gefängnis, weil sie anders dachte als die Machthaber. Sie hat einen Asylantrag in Deutschland gestellt. Herr Kreuz vertritt die Mutter in ihrem Asylverfahren.

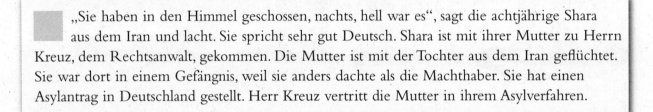

Shara spricht wieder mit ihrer Mutter und sagt dann bestimmt: „Aber du kannst unser Gast sein bei uns im Heim. Du kannst uns dann gleich helfen, wenn was passiert."

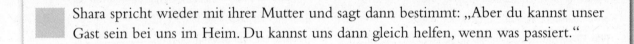

Herr Kreuz, der Rechtsanwalt, fand keine passende Antwort. In dieser Nacht schlief er schlecht in seinem Bett.

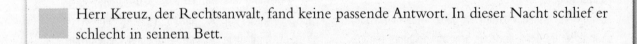

Herr Kreuz sagt: „Ihr könnt bei uns übernachten. Wir laden euch ein." Shara freut sich und übersetzt es der Mutter. Shara und ihre Mutter unterhalten sich länger. Dann sagt Shara: „Vielen Dank für die Einladung. Aber wenn wir weggehen heute Nacht aus dem Heim, sind die anderen Bewohner alleine. Das geht nicht."

Shara übersetzt das, was die Mutter sagt. Ein Dolmetscher ist zu teuer. Herr Kreuz fragt: „Wie, sie haben in den Himmel geschossen? Wer? Wann?" Zwischendurch hat Shara das erwähnt. Die Mutter hatte es zuvor nicht gesagt. „Ja, die Polizei, gestern Abend." „Warum?" „Es waren viele Leute vor unserem Haus, vor unserem Heim." „Welche Leute?" „Nazis, viele Nazis, sie grölten und schrien, sie wollen, dass wir weggehen." „Und was habt ihr gemacht?" „Ich war angezogen auf dem Bett, die ganze Nacht. Ich habe nicht geschlafen. Sie können kommen und uns schlagen und brennen." „Und deine Mutter?" „Sie lag genauso neben mir. Erst als es hell wurde, haben wir zwei Stunden geschlafen." „Und dann?"

Aus unterschiedlichen Perspektiven erzählen

b Lies die Geschichte auf Seite 20 in der richtigen Reihenfolge noch einmal.

Es ist leichter, die Geschichte in geordneter Reihenfolge noch einmal zu lesen, wenn du den Text aus dem Arbeitsheft kopierst, in Abschnitte zerschneidest und diese geordnet aufklebst.

2 Du hast gelernt, dass eine Geschichte aus einer bestimmten Perspektive erzählt wird.

a Aus welcher Perspektive wird die Geschichte über Shara (Aufg. 1) erzählt?

_____

b Schreibe den einleitenden Abschnitt der Geschichte neu, indem du ihn aus der Perspektive des Rechtsanwalts, Herrn Kreuz, in der Ich-Form erzählst.

Ich hörte dem Mädchen aufmerksam zu, als es sagte: „_____

_____

_____

_____

_____

_____

c Wenn du den Rechtsanwalt erzählen lässt, sollte auch der Abschluss der Geschichte verändert werden. Schreibe auf, was Herr Kreuz am Ende der Geschichte sagen oder denken könnte.

Was sollte ich darauf sagen? _____

_____

_____

_____

d Erzähle die Geschichte nun vollständig aus der Perspektive des Rechtsanwalts.
Benutze dazu ein extra Blatt Papier.

3 Angelika Ehret beginnt ihre Geschichte mit folgenden Sätzen:

Auf dem Klo
Angelika Ehret

Sandra hat sich aufs Klo geflüchtet und die Tür hinter sich abgeschlossen. Gerade deswegen eignet sich das Klo ja so gut, wenn man flüchten will – weil man hier den Schlüssel
5 hinter sich umdrehen kann! In ihrem Zimmer darf Sandra sich nämlich nicht einschließen, denn es heißt immer: „Und wenn was passiert, kommen wir nicht mal rein und müssen die Tür aufbrechen lassen!" Als
10 ob einem im Zimmer groß was passieren könnte, denkt Sandra, dann kann einem auf dem Klo ja ebenso gut was passieren […]

Auf dem Klo hat man jedenfalls seine Ruhe. Meistens wenigstens. Doch heute
15 dringt das Geschrei sogar bis hierher. Sandra stopft sich die Finger in die Ohren. Das hilft jedoch nicht viel. Wenn Papa einmal so richtig loslegt, kann man das auch mit zugehaltenen Ohren noch ganz gut hö-
20 ren. Und Papas Lautstärke ist heute neuer Rekord! […]
Hilfe suchend guckt sich Sandra um und ihr kommt endlich der rettende Einfall: So kräftig sie kann, drückt sie die Klospülung.
25 Das Wasser rauscht ins Klo. Und übertönt zum Glück alles. Allerdings nur einen Moment lang […]

---

a Der Anfang dieser Geschichte ist aus der Sicht der Autorin erzählt. Verändere die Perspektive. Erzähle die ersten Sätze aus Sandras Sicht.

Ich habe mich _____

_____

_____

_____

_____

_____

b Erzähle den Anfang der Geschichte nun aus der Sicht von Sandras Vater.
Versetze dich in die Rolle des Vaters und überlege, weshalb er „so richtig loslegt":
• kommt müde nach Hause, ist genervt;
• Sandra räumt nie auf;
• er muss sie immer wieder ermahnen;
• im Guten hört Sandra nicht.

Es war, wie schon so oft _____

_____

_____

_____

_____

Einen Erzählplan aufstellen

1 Wie könnte die Geschichte über Sandra (Seite 22, Aufg. 3) weitergehen? Stelle einen Plan für deine Erzählung auf. Notiere dir Stichpunkte zu folgenden Überlegungen:

a Aus welcher Perspektive willst du erzählen?

b Welchen Anfang willst du verwenden, einen von den beiden auf Seite 22, Aufgabe 3a oder b, oder hast du noch eine andere Idee?

c Über welche Personen willst du erzählen? Was ist dabei wichtig (Aussehen, Eigenschaften, Verhaltensweisen, Probleme, momentane Situation)?

Sandra:

Sandras Vater:

Sandras Mutter:

Weitere Personen, z.B. Freund/Freundin, Familienangehörige, Nachbarn:

d Welche Dialoge werden zwischen den Personen geführt? Schreibe auf ein extra Blatt Papier.

e An welchem Ort / welchen Orten soll deine Geschichte spielen? Wie soll es dort aussehen?

f In welcher Zeitform willst du erzählen?

g Was für eine Geschichte soll es werden?
lustig ❖ *traurig* ❖ *zum Nachdenken anregend* ❖ *spannend* ❖ *fantastisch* ❖ *belehrend*

h Wie soll deine Geschichte enden?

Einen Text zu einer Bildgeschichte schreiben

1   Diese Bildgeschichte über Professor Filutek stammt von dem polnischen Zeichner Zbigniew Lengren.

a   Schau dir die Bilder genau an. Notiere zu jedem Bild in Stichpunkten, was geschieht und was Professor Filutek fühlen und denken könnte.

b   Erzähle die Geschichte nun im Zusammenhang. Achte darauf, dass sie auch ohne Bilder verständlich ist. Folgendes solltest du bedenken:
- Was könnte der Professor fühlen / denken?
- Was könnte er vielleicht sagen?
- Wo könnte der Höhepunkt der Geschichte liegen?

Schreibe auf ein extra Blatt Papier.

Schildern, was die Sinne wahrnehmen

Der Sehsinn

1 Willst du jemandem schildern, was du Beeindruckendes gesehen hast, erinnere dich, wie es auf dich gewirkt hat.

> **Beispiel** Die alte Münze war so blank, dass ich gleich an Silber denken musste.
> Die Münze war so blank, dass sie geradezu funkelte und strahlte.

Formuliere in gleicher Weise, wie die folgenden Dinge auf dich gewirkt haben könnten. Steigere die Schilderung deines Eindrucks wie in dem Beispiel.

bunte Blumenwiese: Die Blumenwiese war so bunt, _____

_____

_____

dunkle Nacht: _____

_____

_____

hoher Turm: _____

_____

_____

glitzernde Steine: _____

_____

_____

Der Geruchssinn

2 Ergänze die folgenden Vergleiche mithilfe passender Adjektive und Partizipien. Markiere diejenigen, die am treffendsten sind.

stinkend duftend riechend würzig aromatisch	wie ein lange gereifter Käse	aufdringlich derb widerlich blumig intensiv	wie das billigste Parfüm vom Wühltisch
frisch winterfrisch taufrisch frühlingsfrisch morgenfrisch	wie in der Werbung gern versprochen wird	faulig fruchtig holzig modrig lieblich	wie der Waldboden im Herbst

Der Tastsinn

3 Wähle aus den Adjektiven in der Randspalte das deiner Meinung
nach für die Satzaussage jeweils treffendste aus und setze es ein.

glitschig
klebrig
weich
narbig *grob*
glibbrig *zart*
bucklig
runzlig
rissig
grobfaserig
rau
schmierig

(1) Die Rinde eines Baumes fühlt sich _____ an.

(2) Die Hände meines Großvaters fühlen sich ganz _____ an.

(3) Dagegen sind die Händchen meiner kleinen Schwester ganz _____ .

(4) Igittigitt, die Schnecke ist ja ganz _____ !

(5) Wusstest du nicht, dass ungewaschene Schafwolle immer erst ganz _____ ist?

(6) Zuckerwatte zergeht auf der Zunge, aber sie ist ganz _____ .

Der Geschmackssinn

4 Die folgenden Adjektive beschreiben verschiedene Geschmacks-
richtungen. Manche von ihnen geben außerdem Eindrücke
wieder, die nichts mit dem Geschmackssinn zu tun haben.
Vervollständige die Tabelle.

Geschmack	durch	anderer Zusammenhang / Eindruck
scharf	Chilischote	Rasierklinge, Kurve
bitter		
sauer		
süß		
geschmacklos		
salzig		
gepfeffert		
fade		

Der Gehörsinn

5 a Schildere in fünf Sätzen eine dieser Situationen. Wähle aus den gegebenen Formulierungen aus.

- ein stürmischer Tag an der Küste *anschwellendes Geräusch* ❖ *plötzliche Stille* ❖ *einzelne Rufe*
- ein Fußballspiel *von da und dort* ❖ *gellendes Pfeifen* ❖ *Brausen und Tosen* ❖
- ein Rockkonzert *ein Brüllen wie aus tausend Kehlen* ❖ *Ausklingen der letzten Töne*

_____

_____

_____

_____

_____

b Lest euch eure Schilderungen gegenseitig vor. Wer hat die Situation am treffendsten beschrieben?

Mit allen Sinnen wahrnehmen und schildern

6 Ergänze folgende Sätze, so schnell du kannst. Zum Aufschreiben der treffenden Wörter oder Wortgruppen hast du jeweils zehn Sekunden Zeit.

(1) Zu alte Butter schmeckt _____ .

(2) Wenn ich morgens das Fenster öffne, atme ich die _____ Luft ein.

(3) Im Winter macht man es sich gern am warmen Ofen _____ .

(4) Es war so dunkel, man konnte seine _____ nicht vor Augen sehen.

(5) Vor allem im Frühling hört man die Vögel _____ .

(6) Wird bei uns der Rasen vor dem Haus gemäht, riecht es nach _____ .

(7) Als mich gestern eine Biene stach, spürte ich _____ .

(8) Der Pudding meiner Oma schmeckt einfach _____ .

Beschreiben

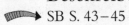 SB S. 43–45

Eine Person beschreiben

1a Warum gibt es in literarischen Texten viele Personenbeschreibungen? Notiere deine Überlegungen.

_____

_____

_____

b Was gehört zu einer Personenbeschreibung? Vervollständige den folgenden Merksatz.

> Beim Beschreiben von Personen oder literarischen Figuren kommt es darauf an, die ganze Person zu erfassen. Dazu gehören
>
> _____ Merkmale, wie Alter, Größe, Figur, Augen- und Haarfarbe, Frisur, Kleidung und besondere Auffälligkeiten, sowie
> _____ Merkmale, wie Eigenschaften und Verhaltensweisen.

2a Lies den folgenden Ausschnitt aus Michael Endes Buch „Momo". Markiere die Stellen, an denen Momos Äußeres beschrieben wird.

Momos äußere Erscheinung war in der Tat ein wenig seltsam und konnte auf Menschen, die großen Wert auf Sauberkeit und Ordnung 5 legen, möglicherweise etwas erschreckend wirken. Sie war klein und ziemlich mager, sodass man beim besten Willen nicht erkennen konnte, ob sie erst acht oder schon 10 zwölf Jahre alt war. Sie hatte einen wilden, pechschwarzen Lockenkopf, der so aussah, als ob er noch nie mit einem Kamm oder einer Schere in Berührung gekommen 15 wäre. Sie hatte sehr große wunderschöne und ebenfalls pechschwarze Augen und Füße von der gleichen Farbe, denn sie lief fast immer barfuß. Nur im Winter trug sie 20 manchmal Schuhe, aber es waren zwei verschiedene, die nicht zusammenpassten und ihr außerdem viel zu groß waren. Das kam daher, dass Momo eben nichts besaß, als was 25 sie irgendwo fand oder geschenkt bekam. Ihr Rock war aus allerlei bunten Flicken zusammengenäht und reichte ihr bis auf die Fußknöchel. Darüber trug sie eine alte, 30 viel zu weite Männerjacke, deren Ärmel an den Handgelenken umgekrempelt waren.

b Welche von Momos äußeren Merkmalen hast du markiert? Schreibe sie auf.

<u>klein; mager; wilder, pechschwarzer</u> _____

_____

_____

c Zeichne Momo so, wie du sie dir vorstellst, neben den Text.

3 a In dem folgenden Ausschnitt aus dem Buch „Die Welle" von Morton Rhue erfährst du wenig über das Äußere, dafür aber eine Menge über Verhalten und Eigenschaften der Figur. Lies den Text aufmerksam durch.

In dem Klassenraum, in dem er Geschichte unterrichtete, beugte sich Ben Ross über einen Projektor und bemühte sich, einen Film in das Gewühl von Zahnrädern und Linsen einzufä-
5 deln. Es war schon sein vierter Versuch und er hatte es immer noch nicht geschafft. Verzweifelt fuhr er sich mit den gespreizten Fingern durch das braunwellige Haar. Sein Leben lang hatten ihn Geräte und Maschinen nur verwirrt: Film-
10 projektoren, Autos, sogar Selbstbedienungstank- stellen machten ihn hilflos.
Er hatte sich nie erklären können, warum er in dieser Hinsicht so ungeschickt war, und wenn irgendetwas Handwerkliches oder Mecha-
15 nisches anfiel, überließ er es Christy, seiner Frau. Während seiner bisherigen Tätigkeit an der Gordon High School war es ihm gelungen,
20 seine handwerkliche Ungeschicklichkeit nicht demonstrieren zu müssen. Auf jeden Fall war sie hinter seinen Ruf zurückgetreten, ein ganz ausnehmend tüchtiger junger Lehrer zu sein. Bens Schüler
25 sagten, er sei so sehr bei der Sache, er sei selbst an seinen Themen so beteiligt und interessiert, dass es ganz unmöglich sei, nicht auch davon gefesselt zu werden. Er sei einfach „anste- ckend", sagten sie und meinten, dass er sie
30 wirklich anzusprechen verstand.

b Welche Eigenschaften des Lehrers Ben Ross werden beschrieben? Notiere sie.

_____

_____

_____

c Eine Eigenschaft wird besonders betont. Welche? Markiere die entsprechende Textstelle.

d Welche Eigenschaft von Ben Ross ist für seine Schüler am wichtigsten?
Markiere auch diese Textstelle.

e Beschreibe das Verhalten und die Eigenschaften von Ben Ross mit deinen Worten in einem zusammenhängenden Text.

_____

_____

_____

_____

_____

_____

_____

_____

[A] Gebrauchstexte schreiben

Eine Bewerbung schreiben

➡ SB S. 48–51

1 Die folgende Bewerbung für ein Betriebspraktikum hat einige formale Mängel.
Ergänze den Brief so, dass er den Anforderungen an offizielle Schreiben entspricht.

_____   _____

_____

_____

Gärtnerei Lindenhof
Hauptstr. 22
09236 Claußnitz

_____

Sehr geehrte Damen und Herren,

mein Name ist Leonie Greiner und ich bin Schülerin der achten Klasse
der Claußnitzer Mittelschule. In diesem Schuljahr findet für alle Schülerinnen und
Schüler der achten Klassen unserer Schule ein Betriebspraktikum statt.
Da ich mich sehr für Biologie, Natur und besonders für Pflanzen interessiere,
möchte ich gern die Arbeit in einer Gärtnerei näher kennen lernen.
Ich würde mich deshalb sehr freuen, wenn ich in der Zeit vom 15.06. bis 29.06. 20..
mein Praktikum bei Ihnen machen könnte, und bewerbe mich hiermit um einen
Praktikumsplatz in Ihrer Gärtnerei.

_____

_____

Leonie Greiner

Anlage

_____

2a Lies den folgenden Brieftext. Welche Mängel entdeckst du?

> Sehr geehrte Damen und Herren
>
> in meinen Ferien möchte ich gern jobben. Am liebsten würde ich in einem Fahrrad-
> laden arbeiten, weil ich gern repariere und so, aber in unserem Bike-Shop da ist leider
> nichts frei. Deshalb bewerbe ich mich, ob ich vieleicht in den in den Ferien bei Ihnen in
> der Fahradabteilung oder auch woanders arbeiten kann.

b Überarbeite den Brief und schreibe ihn neu. Dabei kannst du so vorgehen:

- Überprüfe, ob Überflüssiges zu streichen ist.
- Überprüfe, ob alle wichtigen Angaben enthalten sind.
  (Du kannst auch überlegen, welche Fragen der Arbeitgeber wohl stellen wird.)
- Kontrolliere, ob die Wortwahl angemessen ist.
- Kontrolliere, ob alle Sätze vollständig, verständlich sowie kurz und sachlich formuliert sind.
- Kontrolliere die Rechtschreibung und die Zeichensetzung.

_____
_____
_____
_____
_____
_____
_____
_____
_____
_____
_____
_____
_____
_____
_____

3 Schreibe auf einem extra Blatt Papier selbst eine Bewerbung für einen Ferienjob.
Halte dabei die offiziellen Gestaltungsnormen ein.

Den Lebenslauf schreiben

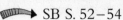 SB S. 52–54

1 Einer schriftlichen Bewerbung musst du in der Regel deinen Lebenslauf beilegen.
Oft genügt ein tabellarischer Lebenslauf.

a Wiederhole mithilfe deines Sprachbuchs, was beim Schreiben eines Lebenslaufs zu beachten ist.

b Ergänze die folgende Vorlage. Sie hilft dir, deine persönlichen Daten zu sammeln.
Schreibe anschließend die Endfassung deines Lebenslaufs auf ein extra Blatt Papier.

Lebenslauf

Name: _____

Vorname: _____

Adresse: _____

Geburtsdatum: _____

Geburtsort: _____

Hier ist Platz
für dein
Bewerbungsfoto.

Vater: _____

Beruf: _____

Mutter: _____

Beruf: _____

Geschwister: _____

_____

_____

Schulausbildung: _____

_____

Besondere Kenntnisse: _____

_____

Hobby: _____

_____

_____, den _____

(Unterschrift) _____

Mit Texten und Medien umgehen

Einen literarischen Text erschließen

SB S. 55–58

1 Lies die folgende Kurzgeschichte aufmerksam durch und
notiere anschließend deinen ersten Leseeindruck in Stichpunkten.

Parkplatz auf Lebenszeit
Otto Heinrich Kühner

Eines Abends kam er mit dem Wagen vom
Dienst zurück und stellte fest, dass mittlerweile
vor dem Haus auch die letzte Parklücke ge-
schlossen war. Auf beiden Seiten der Straße
5 standen die Autos hintereinander in dichter
Reihe, auch in den Seiten- und Parallelstraßen,
überall, im ganzen Viertel. Während er suchend
durch die Straßen fuhr, war er wieder in den
Verkehrsstrom geraten und sah sich von einer
10 endlosen Autokolonne eingekeilt.
So beschloss er, nach Hause zurückzufahren.
Aber er war inzwischen – diese Geschichte
spielte in Hamburg – von Wandsbek nach Har-
burg geraten; er hätte, um den Weg nach Hause
15 zu nehmen, links abbiegen müssen, was bei dem
starken Gegenverkehr nicht möglich war.
Also entschloss er sich, die Küste entlang zu fahren, über die Niederlande, Belgien, Frankreich,
Spanien und Italien, um dann über den Vorde-
20 ren Orient, Asien, Karelien und Skandinavien
von Osten her nach Hamburg einzufahren.
Er tat dies auch und kam erst nach vier Monaten wieder vor seinem Haus an, wo inzwischen
– durch Todesfall – gerade eine Parklücke ent-
25 standen war. Er setzte sich in die Lücke und
vereinigte sich wieder mit seiner Familie, wo er
seit jenem Abend vor vier Monaten überfällig
war.
Um seinen Parkplatz nicht wieder zu verlieren,
30 ließ er seinen Wagen, wie es die übrigen Fahr-
zeugbesitzer auch taten, für dauernd vor seinem
Haus stehen und erledigte von jetzt an alles zu
Fuß, auch den Weg ins Büro; an den Wochen-
enden fuhr er mit der Bahn oder dem Bus ins
35 Alte Land oder in den Sachsenwald.
Um das Fahren nicht zu verlernen, übte er nur
bisweilen das Anlassen des Motors, das Bedienen
von Winker und Scheibenwischer sowie das
Stehen in einer Parklücke.

_____

_____

_____

2a Worum geht es in Aufgabe 1? Fasse das Geschehen in höchstens drei Sätzen zusammen.

_____

_____

_____

_____

b Der Text liest sich am Anfang wie ein Bericht. Wodurch wird dieser Eindruck erweckt?

_____

_____

c Markiere die Stelle im Text, an der deutlich wird, dass es sich um einen fiktiven Text handelt.

3 a Bestimme die Erzählperspektive. Aus wessen Sicht wird erzählt? Kreuze das Zutreffende an.

☐ Er- / Sie-Perspektive   ☐ auktorialer, allwissender Erzähler   ☐ Ich-Erzähler

b Hältst du die Erzählperspektive für angemessen? Würdest du eine andere wählen?
Mach dir Notizen zu deinen Überlegungen. Tauscht eure Meinungen anschließend aus.

_____

_____

_____

4 Schau dir nun den Aufbau der Geschichte (Aufg. 1) genauer an. Notiere stichpunktartig, was in
den sechs Abschnitten jeweils erzählt wird.

<u>(1) Mann findet abends vor seinem Haus und auch in näherer Umgebung keine Park-</u>

<u>möglichkeit (2)</u>_____

_____

_____

_____

5 a Wie wird die Geschichte (Aufg. 1) erzählt? Wie wirkt die Erzählweise auf dich? Kreuze alles an,
was du für zutreffend hältst.

☐ tragisch   ☐ komisch   ☐ sachlich   ☐ ernst   ☐ witzig   ☐ spannend   ☐ kritisch   ☐ fantastisch   ☐ real

☐ sinnlos   ☐ belehrend   ☐ absurd   ☐ übertrieben   ☐ unwirklich   ☐ anteilnehmend   ☐ unbeteiligt

b Tauscht eure Meinungen aus. Begründet eure Wahl.

6 a Obwohl manches in der Geschichte (Aufg. 1) unwahrscheinlich, unvernünftig, ja absurd erscheint,
gibt es doch auch Bezüge zu unserer Wirklichkeit.
Was ist deiner Meinung nach möglich / wahrscheinlich?

_____

Was ist unwahrscheinlich?

_____

b Welche Rolle spielen die letzten beiden Abschnitte in diesem Zusammenhang?

_____

_____

c Tauscht euch darüber aus, warum der Autor seine Geschichte wohl auf diese Weise erzählt hat.

7 Präzisiere deinen ersten Leseeindruck (Aufg. 1). Was hat sich nach der Beschäftigung mit der
Geschichte bestätigt? Was siehst du jetzt anders? Schreibe auf ein extra Blatt Papier.

Einen Text überarbeiten

 SB S. 64–67

Den Inhalt überarbeiten

1 Die Textauszüge in den Aufgaben a–c müssten überarbeitet werden.

 Texte kannst du oft durch eine ausführlichere oder genauere Darstellung einzelner Teile verbessern:
- Personen, Gegenstände, Orte oder Situationen genauer beschreiben,
- Gedanken, Gefühle oder Geschehnisse anschaulicher schildern,
- Aussagen, Meinungen oder Handlungen begründen.

a Ergänze den folgenden Auszug aus einem Brief, indem du die beteiligten Personen genau beschreibst. Schreibe auf ein extra Blatt Papier.

> Liebe Ilke,
>
> … Und dann muss ich dir noch unbedingt von unserer Faschingstour nach Augustusburg erzählen. Du kannst dir nicht vorstellen, was wir für eine lustige Truppe waren. Schon als wir dort ankamen, sorgten wir für allerhand Aufsehen …

b Erweitere die folgende Erzählung, indem du mögliche Eindrücke, Gefühle oder Gedanken bei der Ankunft auf der Apfelplantage schilderst. Schreibe auf ein extra Blatt Papier.

> Apfelernte in Werder
>
> … Endlich waren wir da. Wir stiegen aus und sahen uns erst einmal um. Ich atmete tief durch und freute mich, endlich draußen zu sein. Schneller als gedacht hatten wir unsere Körbe in der Hand und konnten beginnen. Die Äpfel …

c Ergänze die Diskussionsbeiträge aus einer Schülerzeitschrift, indem du Begründungen und Beispiele einfügst. Schreibe auf ein extra Blatt Papier.

> **Gesunde Ernährung: Muss das sein?**
>
> Ina: Aus meiner Erfahrung kann ich nur sagen, gesunde Ernährung ist überhaupt nicht langweilig. Ihr solltet es auch mal versuchen.

> Tom: Hiermit erkläre ich ganz klar: Vegetarier werde ich nie! Und ab und zu mal eine Cola wird mich auch nicht gleich umbringen. Gesunde Ernährung ist ja ganz schön, aber muss man es gleich übertreiben?

Satzbau und Wortwahl prüfen

1   Lies die folgenden Sätze. An welcher Stelle sollten Satzbau und / oder Wortwahl verbessert werden? Verändere die Sätze so, dass sie sachlich richtig sind.

Spaß auf Rollen

(1) Im Land Brandenburg, im Landkreis Teltow-Fläming, wurde seit einiger Zeit ein neues Freizeitvergnügen für Skater und Radfahrer eröffnet.

_____
_____
_____
_____

(2) Allein der neue einhundert Kilometer lange Rundkurs mit feinster Asphaltoberfläche verleitet Radfahrer und Skater zur Erholung im Freien.

_____
_____
_____
_____

(3) Fernab von störendem Autoverkehr wurden insgesamt ca. 175 Kilometer Rad- und Skatewege aufgestellt.

_____
_____
_____

2   Die folgenden Sätze kannst du anschaulicher gestalten und inhaltlich miteinander verbinden, wenn du an geeigneter Stelle folgende Wörter einfügst:
schließlich ❖ *dabei* ❖ *auch* ❖ *außerdem* ❖ *sogar*

Tagesausflüge, Wochenendtrips und _____ ein längerer Skate- und Radurlaub sind

hier möglich. Man kann _____ das Baruther Urstromtal und den Niederen Fläming

kennen lernen. Insgesamt 17 schön gestaltete Rastplätze laden müde Ausflügler zum Picknick ein.

Zur Erholung bietet sich _____ ein Stopp in der Zinngießerei in Neuhof oder

im Kloster Zinna an. Besichtigen kann man _____ das Schloss Wiepersdorf und

die schöne Altstadt von Jüterbog. Für Wasserratten gibt es _____ jede Menge Bade-

spaß in der Fläming-Therme oder im Oehnaer Freibad.

3 a   Um die Beziehungen im Text zu verdeutlichen, solltest du in den folgenden Sätzen verschiedene Satzglieder umstellen. Schreibe die neuen Satzanfänge auf.

(1) An der Strecke ist ein Highlight das erste Skatehotel der Welt. (2) Skater können hier bis vor das Bett rollen, weil alle Böden glatt und ebenerdig sind. (3) Auf einem Sportplatz, in der Sporthalle oder auf dem Beachvolleyballfeld kann sich austoben, wer noch Energiereserven hat. (4) Eine Werkstatt hilft bei Problemen mit der Ausrüstung.

(1) _____

_____

b Prüfe deine Formulierungen noch einmal. Überlege, ob du die Sätze durch Adjektive und Adverbien (z.B. *schön, modern, besonders, direkt, überaus, fachgerecht*) noch anschaulicher gestalten kannst. Schreibe deine Ideen auf ein extra Blatt Papier.

4 Schreibe auf einem extra Blatt Papier einen zusammenhängenden Text zum Thema „Spaß auf Rollen", in dem du alle Informationen aus den Aufgaben 1 bis 3 verwendest. Achte dabei besonders auf die Wortwahl und die Verbindung der einzelnen Sätze und Textteile.

Mithilfe der Übersicht auf Seite 67 in deinem Sprachbuch kannst du den Text auch weiter überarbeiten.

Rechtschreibung und Zeichensetzung kontrollieren

1a Lies den folgenden Text aufmerksam durch und kontrolliere die Rechtschreibung und Zeichensetzung. Markiere die Fehler.

Das Paradies für Skater – ein Reisebericht

Ich war am Wochenende bei Spitzenwetter auf einer traumhaften Strecke. Der Fläming-Skate wurde am 25.8.2002 offiziell freigegeben und ich war einer der Ersten der am letzten Augusttag die nagelneuen Asphaltwege unter die Rollen nahm. Beim ersten
5 Anblick der Strecke schlug mein Herz höher: Top-Asphalt – glatter und schneller geht es eigentlich nicht. Ich fuhr um ca. 11 Uhr bei schönstem Sonnenschein aus Hohenseefeld los.
Eine gute Karte ist trotzdem wichtig man verfährt sich leicht.
An vielen Stellen der Strecke befinden sich fiese enge Kurven vor
10 denen man unbedingt abremsen und in die man mit weniger Tempo hineingehen sollte. Für Kurvenliebhaber sind das natürlich die schönsten Stellen.
Nachdem ich die viel befahrene Strecke in Luckenwalde hinter mir gelassen hatte, kam ich mir in der Weite der Landschaft fast ein
15 wenig verlohren vor. Ein wichtiger Tipp an dieser Stelle Nehmt euch lieber zu viel Wasser mit als zu wenig. Getränkeshops oder Gasthäuser gibt es an dieser Strecke kaum.
Nach Welsickendorf kommt ein acht Kilometer langes Zuckerstück durch den Wald nach Wiepersdorf Dort hatte ich noch einmal so
20 richtig viel Spass beim Vorbeisausen an schnellen Fahrradfahrern.
Abends kam ich dann nach etwa einhundert Kilometern wieder in Hohenseefeld an. Natürlich war ich stolz, das ich das Ziel erreicht hatte und mein persönliches Tempo halten konnte. Und was ist mit meinen schmerzenden Waden und Zehen   Davon schreibe ich
25 hier nichts. Ich kann die Strecke jedem nur Wärmstens empfehlen.

b Streiche die falsch geschriebenen Wörter im Text durch und schreibe sie richtig in die Randspalte.

c Ergänze die fehlenden Kommas und Satzzeichen im Text.

Einem Sachtext Informationen entnehmen und wiedergeben

SB S. 72–83

Einem Text Informationen entnehmen

1a Lies den folgenden Text aufmerksam durch.

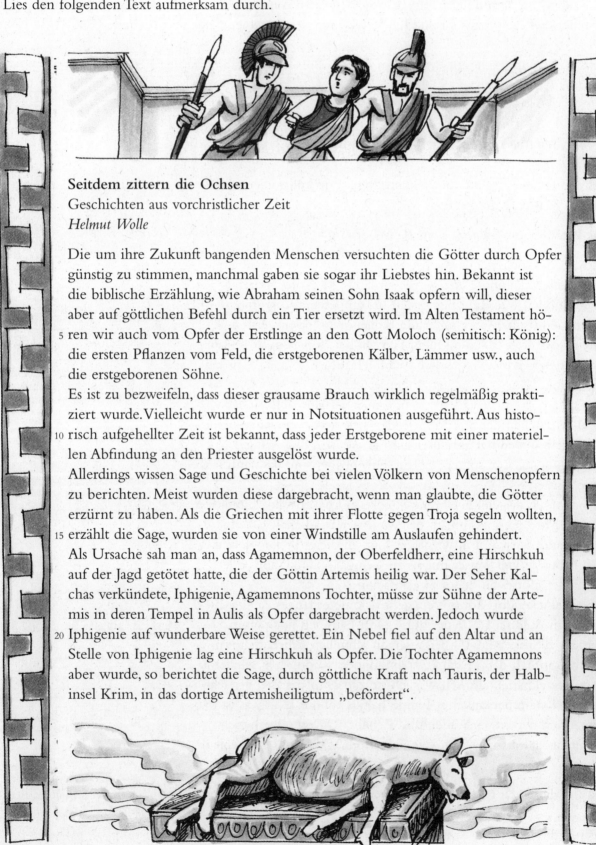

Seitdem zittern die Ochsen
Geschichten aus vorchristlicher Zeit
Helmut Wolle

Die um ihre Zukunft bangenden Menschen versuchten die Götter durch Opfer
günstig zu stimmen, manchmal gaben sie sogar ihr Liebstes hin. Bekannt ist
die biblische Erzählung, wie Abraham seinen Sohn Isaak opfern will, dieser
aber auf göttlichen Befehl durch ein Tier ersetzt wird. Im Alten Testament hö-
ren wir auch vom Opfer der Erstlinge an den Gott Moloch (semitisch: König):
die ersten Pflanzen vom Feld, die erstgeborenen Kälber, Lämmer usw., auch
die erstgeborenen Söhne.
Es ist zu bezweifeln, dass dieser grausame Brauch wirklich regelmäßig prakti-
ziert wurde. Vielleicht wurde er nur in Notsituationen ausgeführt. Aus histo-
risch aufgehellter Zeit ist bekannt, dass jeder Erstgeborene mit einer materiel-
len Abfindung an den Priester ausgelöst wurde.
Allerdings wissen Sage und Geschichte bei vielen Völkern von Menschenopfern
zu berichten. Meist wurden diese dargebracht, wenn man glaubte, die Götter
erzürnt zu haben. Als die Griechen mit ihrer Flotte gegen Troja segeln wollten,
erzählt die Sage, wurden sie von einer Windstille am Auslaufen gehindert.
Als Ursache sah man an, dass Agamemnon, der Oberfeldherr, eine Hirschkuh
auf der Jagd getötet hatte, die der Göttin Artemis heilig war. Der Seher Kal-
chas verkündete, Iphigenie, Agamemnons Tochter, müsse zur Sühne der Artemis in deren Tempel in Aulis als Opfer dargebracht werden. Jedoch wurde
Iphigenie auf wunderbare Weise gerettet. Ein Nebel fiel auf den Altar und an
Stelle von Iphigenie lag eine Hirschkuh als Opfer. Die Tochter Agamemnons
aber wurde, so berichtet die Sage, durch göttliche Kraft nach Tauris, der Halb-
insel Krim, in das dortige Artemisheiligtum „befördert".

Gelegentliche Menschenopfer kamen in Griechenland noch lange vor. Vor der
25 Schlacht bei Salamis (480 v. Chr.) opferten die Athener mehrere gefangene
Perser. Gewöhnlich waren jedoch bei den Griechen nur Tieropfer sowie Opfer von Früchten, Kuchen, Wein usw. üblich. Die Opfertiere mussten makellos
sein, über ihre Farbe gab es genaue Vorschriften. Nur bestimmte Teile der ge-
opferten Tiere wurden für die Götter verbrannt (Schenkel, Herz). Das Übrige
30 fiel meist den Priestern zu.
Die Opfer hatten mitunter einen bedeutenden Umfang. Um den Göttern
den Dank für eine Wohltat zu beweisen, opferte man manchmal hundert Ochsen, eine Hekatombe (von griech. hekaton: hundert). So wird berichtet, dass
Pythagoras, als er seinen bekannten Satz gefunden hatte, den Göttern eine He-
35 katombe darbrachte. Seitdem, bemerkte dazu der geistreiche Ludwig Börne,
zittern die Ochsen jedes Mal, wenn eine neue Entdeckung gemacht wird.

b Willst du dir die wichtigsten Informationen des Textes einprägen, dann lies den Text noch einmal. Markiere die Antworten auf folgende Fragen verschiedenfarbig:

(1) Warum wurden Opfer dargebracht?
(2) Mit welchen Opfern versuchten die Menschen, die Götter günstig zu stimmen?
(3) Welches Volk brachte laut Sage und Geschichte auch Menschenopfer dar?

c Um dir die Informationen einzuprägen, ist es hilfreich, sie geordnet aufzuschreiben.
Fertige einen Stichwortzettel an und schreibe die wichtigsten Informationen aus dem Text auf.
Nutze dazu deine Markierungen.

Ein guter Stichwortzettel ist klar gegliedert, knapp gefasst und enthält die wichtigsten Informationen.

Opfer für die Götter

1. Warum wurde geopfert?

• Zukunftsangst

•

2.

3.

2 Der folgende Text ist sehr lang, er enthält aber streng genommen nur eine wesentliche Mitteilung in Form einer Behauptung. Sie steht an zwei Stellen im Text.

a Suche diese Stellen durch überfliegendes Lesen und markiere sie.

Vom Buchdruck zum Internet (Revolutionäre Zeiten)

Man hat gesagt, die Geburt des Internets sei für unsere Gesellschaft ein ebenso bedeutender und tief einschneidender Meilenstein wie im 15. Jahrhundert die Erfindung des Buchdrucks
5 mit beweglichen Lettern durch Johannes Gensfleisch zum Gutenberg (der hieß tatsächlich so!). Dazu muss man sich vor Augen halten, was das für die Menschen damals bedeutet hat. Zu der Zeit konnten nur sehr wenige Men-
10 schen lesen und schreiben. Um eine Nachricht zu übermitteln, musste ein Schreiber her, dem man etwas diktierte. Botschaften, Lieder, Gedichte, Geschichten, Befehle und Anweisungen wurden viel häufiger mündlich weiter-
15 gegeben. Bücher waren sehr selten und unbezahlbar. Nur Adlige und die Klöster konnten sich Bücher leisten, denn es waren entweder Einzelstücke oder sie waren peinlichst genau Buchstabe für Buchstabe mit der Hand abge-
20 schrieben worden. Kein Wunder also, dass eine Buchdruckmaschine revolutionär war. Plötzlich konnte man von einem Text beliebig viele Kopien fertigen. Jeder hatte jetzt im Prinzip Zugang zu Geschriebenem, konnte lesen und
25 schreiben lernen, konnte alles erfahren, was je-

mals geschrieben worden war, und so Wissen sammeln und vor allen Dingen selbst Wissen weitergeben. Mit dem Buchdruck begann eine Informationsrevolution.
Die Zeiten haben sich geändert. An Bücher
30 und Geschriebenes haben wir uns gewöhnt. In den meisten Teilen der Welt sind Bücher kein Luxus mehr. Wissen und Informationen sind erreichbar, an Schulen, Universitäten, in Bibliotheken, im Fernsehen und im Radio, in den
35 Zeitungen und Büchern, die wir lesen. Aber das verfügbare Wissen der Welt ist auch viel umfangreicher geworden. Im 17. und 18. Jahrhundert konnte man als Gelehrter noch alles wissen und jeden wissenschaftlichen Text
40 gelesen haben, den es gab. Heute ist das nicht mehr möglich. Es gibt heutzutage viel mehr Wissen und viel mehr Menschen und Orte, auf die dieses Wissen verteilt ist.
Nun tauchte das Internet auf. So gut wie jeder
45 Mensch auf der Welt kann damit auf einmal all sein Wissen, alle Texte, Bilder und Informationen auf einem Rechner zur Verfügung stellen und jeder einzelne Mensch der Welt kann es sich – mühelos und völlig egal, aus welcher Ent-
50 fernung – ansehen, es lernen, kommentieren, diskutieren und vervielfältigen. Mehr noch, man kann die Informationen miteinander ver-

knüpfen; die Entwicklung des Hypertextes ermöglicht es, von einer Stelle im Text per Mausklick in ein damit zusammenhängendes Dokument ans andere Ende der Welt zu springen. Im Nu haben sich Milliarden von Dokumenten und Wissensquellen angesammelt, nach und nach werden alle Datenbanken auf der Welt auf irgendeine Weise an das Internet angeschlossen. Es führt dazu, dass es keine öffentliche Information mehr gibt, die man nicht über das Internet erfahren könnte. Nicht genug damit, im Internet kann man auch noch suchen. Milliarden von Texten werden von Suchmaschinen in Sekunden nach Stichworten durchsucht und die Ergebnisse angezeigt. Das Internet ermöglicht aber nicht nur Zugang zu Texten oder Dokumenten. Mindestens genauso wichtig ist, was es auf einem Gebiet schafft, auf dem es alle anderen Medien bisher schlägt: Es ermöglicht eine intensivere Kommunikation zwischen den Menschen. Man findet Ansprech-partner, Diskussionsforen, Interessengruppen, man kann in Echtzeit mit einem oder mehreren weltweit verteilten Partnern geschriebene Nachrichten austauschen, Spiele spielen oder Videokonferenzen abhalten. Man kann in Sekundenschnelle Post verschicken, mit demselben Aufwand an eine Person wie in Kopie an unzählige Empfänger. Hier passiert etwas Ähnliches, was nach der Verbreitung des Buchdrucks eingetreten ist: eine zweite, noch monumentalere Informationsrevolution. Kein anderes Medium, weder Zeitung, Radio noch Fernsehen, hat sich so rasend schnell verbreitet und in so kurzer Zeit so viele Menschen mit so vielen Informations- und Kommunikationsmöglichkeiten ausgestattet wie das Internet. Die Informationsmenge, die technischen Möglichkeiten und die ans Internet angeschlossenen Personen nehmen in jeder Minute zu.

b Formuliere mithilfe der gefundenen Sätze von Aufgabe a die Hauptaussage (Hauptinformation) des Textes in höchstens drei Sätzen.

_____

_____

_____

_____

_____

_____

_____

c   Untersuche den Aufbau des Textes. Gehe folgendermaßen vor:

1. Lies zunächst den ersten Abschnitt des Textes. Überlege, was darin ausgesagt wird. Welches ist die wichtigste Information des Abschnitts?
   Schreibe sie in einem Satz in die folgende Tabelle.
2. Bearbeite die nächsten Abschnitte in derselben Weise. Fällt dir diese Aufgabe noch schwer, hilft es dir, wenn du den jeweiligen Abschnitt im Kopf kurz nacherzählst.
3. Jeder Abschnitt hat eine bestimmte Funktion, um die Hauptaussage des Textes zu unterstützen. Trage sie ein.

	Hauptaussage des Abschnitts	Funktion
1. Abschnitt		
2. Abschnitt		
3. Abschnitt		

3 a   Lies den Text „Vom Buchdruck zum Internet" noch einmal unter der Fragestellung „Welches sind die Vorzüge des Internets?" Notiere die Vorzüge.

_____

_____

_____

_____

b   Stell dir vor, du willst für die Nutzung des Internets werben. Gestalte mithilfe deiner Notizen (Aufg. a) einen Werbehandzettel auf einem extra Blatt Papier.

4a Lies den folgenden Text. Zu welchem Problem nimmt der Verfasser Stellung?
Notiere eine treffende Überschrift.

_____

_____

Paul-Josef Raue

In den USA erzählte mir ein exzellenter
Forscher, der die elektronische Zeitung ent-
wickelt hat: „Es ist kein technisches Problem,
die Zeitung auf einen Bildschirm zu bringen.
5 Nur – wer nimmt schon einen Bildschirm
auf die Toilette mit oder in die U-Bahn?"
Wer darüber lächelt und Einfalt vermutet,
der unterschätzt den praktischen Nutzen
einer Zeitung: Jeder kann sie überall und zu
10 jeder Zeit lesen. […]
Sicher überholt der technische Fortschritt
heute schon die Zeitung, die viele Stunden
braucht, um eine aktuelle Nachricht zu den
Menschen zu transportieren. Doch kaum
15 einer fragt: Was können die Menschen
eigentlich verkraften? Und welche Informationen brauchen die Menschen wirklich für
ihren Alltag, für ihr Leben?
Es gibt mehrere Gründe, warum es in ab-
20 sehbarer Zeit nicht ohne die gute alte Tante
Tageszeitung gehen kann. Die Zeitung wird
von den Lesern auch als Schonraum genos-
sen, als ein Innehalten im unruhigen Tages-

ablauf. Wer liest, der schottet sich für eine
25 halbe Stunde von der Hektik ab und findet
Zeit zum Nachdenken und (hoffentlich auch)
zum Genießen.
Der vermeintliche Vorteil der Datenbanken,
nämlich die schier unendliche Informations-
30 fülle, wird sich ins Gegenteil kehren: Die
Menschen werden sich nach Informations-
Profis sehnen, die das Wichtige vom Un-
wichtigen scheiden. Die Zeitungsredaktionen
verfügen über ein durchdachtes und kom-
35 pliziertes System, Informationen zu sammeln,
und sie haben zudem reiche Erfahrungen,
Informationen zu sortieren und zu analysie-
ren. Zeitungen werden gelesen, weil sie die
meisten Fragen schnell und gut beantworten.
40 Allerdings können diese Informationen nur
mit hohen Kosten kopiert werden.
Wer also gerade ein wenig Zeit hat und den
Bildschirm nicht mag, der greift auch in drei-
ßig Jahren noch zur Zeitung. Wer hat schon
45 Lust, unentwegt am Bildschirm Texte zu
lesen?
Ein weiterer Vorteil der Zeitung besteht darin, dass sie nicht von der Einsatzbereitschaft
der Computertechnik abhängig ist und
50 auch gelesen werden kann, wenn der Computer gerade mal „streikt" oder es keinen
Strom gibt.

b   Notiere die Meinung des Autors in ein bis zwei kurzen Sätzen.

_____

_____

c   Wie begründet der Autor seine Meinung? Lies den Text abschnittsweise und prüfe, ob eine Begründung enthalten ist. Markiere diese jeweils im Text.

d   Schreibe die Gründe, die der Autor anführt, in Stichworten in die Tabelle. Nutze dazu deine Markierungen aus Aufgabe c.

Gründe	1	2	3
1. _____	☐	☐	☐
_____	☐	☐	☐
_____	☐	☐	☐
_____	☐	☐	☐
_____	☐	☐	☐
_____	☐	☐	☐

e   Sind die Gründe überzeugend? Kreuze deine Bewertung – _1 – überzeugend, 2 – zum Teil überzeugend, 3 – nicht überzeugend_ – in der rechten Spalte der Tabelle an.

f   Im Text werden auch Nachteile der Zeitung im Vergleich zu digitalen Nachrichten genannt. Markiere sie zunächst im Text und ergänze anschließend das folgende Schaubild.
Achtung: Zwei Nachteile werden im Text direkt benannt, ein Nachteil ist indirekt formuliert.

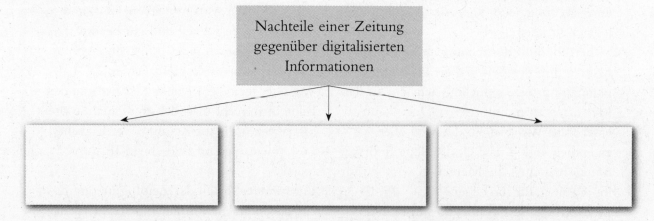

g   Angenommen, man würde nur dieses Schaubild vorstellen. Inwiefern werden der Textinhalt und die Meinung des Autors dann nicht mehr vollständig wiedergegeben? Erkläre das kurz.

_____

_____

Schaubilder auswerten

1 Das folgende Diagramm und der Text ergänzen sich.

a Lies zunächst den Text und überlege, welche Funktion er im Zusammenhang mit dem Diagramm hat. Worauf weist der Text hin? Schreibe auf, was das Diagramm nicht aussagen kann.

_____

_____

_____

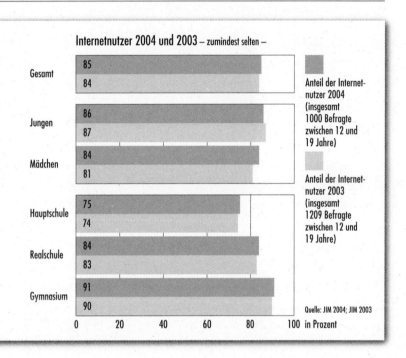

Jugendliche gehen online

Die Schülerinnen und Schüler von heute nutzen das Internet bereits vielfach, wobei sich der Zugang je nach Alter, Geschlecht und Schulart unterscheidet. Allerdings muss hier kritisch gefragt werden, zu welchen Zwecken die Jugendlichen online gehen. Meist sind es die Hobbys und Freizeitaktivitäten, die im Netz eine Ergänzung finden. Natürlich haben viele Lernende das Netz auch entdeckt, um sich die entsprechenden Hausaufgaben- und Klausurhilfen herunterzuladen und sich damit die Mühe des eigenen Denkens zu sparen.

Internetnutzer 2004 und 2003 – zumindest selten –

Gesamt	85 / 84
Jungen	86 / 87
Mädchen	84 / 81
Hauptschule	75 / 74
Realschule	84 / 83
Gymnasium	91 / 90

Anteil der Internetnutzer 2004 (insgesamt 1000 Befragte zwischen 12 und 19 Jahre)

Anteil der Internetnutzer 2003 (insgesamt 1209 Befragte zwischen 12 und 19 Jahre)

Quelle: JIM 2004; JIM 2003

0   20   40   60   80   100 in Prozent

b Sieh dir nun das Diagramm genauer an und beantworte folgende Fragen:

1. Wann wurden die Befragungen durchgeführt? _____

2. Wer wurde befragt? _____

3. Wie viele Personen wurden insgesamt befragt? _____

4. Wie alt sind die befragten Personen? _____

5. Wie viel Prozent der befragten Personen nutzten 2004 das Internet? _____

6. Wie viel Prozent der befragten Mädchen nutzten 2004 das Internet? _____

7. Wie viel Prozent der befragten Jungen nutzten 2004 das Internet? _____

8. Wie viel Prozent der Nutzer in 2004 sind

   Hauptschüler _____   Realschüler _____   Gymnasialschüler _____ ?

c Welche Fragen werden darüber hinaus beantwortet? Notiere zwei weitere Fragen:

_____

_____

2   Dieses Diagramm gibt Auskunft über die Internetaktivitäten von Jugendlichen.

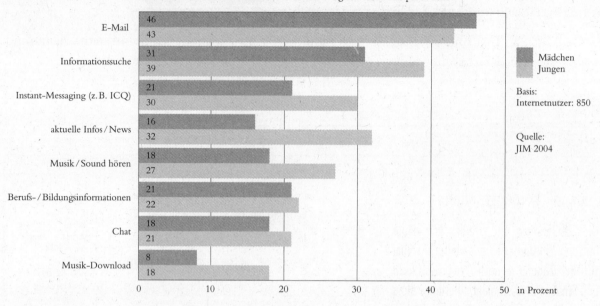

Auswahl Internetaktivitäten 2004 – täglich/mehrmals pro Woche –

Aktivität	Mädchen	Jungen
E-Mail	46	43
Informationssuche	31	39
Instant-Messaging (z.B. ICQ)	21	30
aktuelle Infos / News	16	32
Musik / Sound hören	18	27
Berufs- / Bildungsinformationen	21	22
Chat	18	21
Musik-Download	8	18

0   10   20   30   40   50   in Prozent

Mädchen
Jungen

Basis:
Internetnutzer: 850

Quelle:
JIM 2004

a   Notiere jeweils in einem Satz, welche Internetaktivitäten verhältnismäßig häufig und welche verhältnismäßig selten ausgeführt werden.

_____

_____

b   In welchen Fällen ähneln sich die Nutzungsgewohnheiten von Mädchen und Jungen? Notiere die Antwort in einem Satz.

_____

_____

c   Übertrage die Tabelle auf ein extra Blatt Papier und trage jeweils für Mädchen und Jungen getrennt die Reihenfolge der häufigsten Internetaktivitäten ein.
Fertige anschließend zwei getrennte Diagramme an.

	Mädchen	Jungen
1.	_____	_____
2.	_____	_____

d   Welche auffälligen Unterschiede gibt es zwischen den Lieblingsaktivitäten von Mädchen und Jungen? Notiere, was du dem Diagramm darüber entnehmen kannst.

_____

_____

e   Erläutere auf einem extra Blatt Papier den Inhalt des Diagramms. Nutze dafür die Antworten zu den Aufgaben a bis d.

Informationen präsentieren

1a Lies den folgenden Text und kläre dir unbekannte Wörter.

Es gibt viele Möglichkeiten der Präsentation von Informationen und Arbeitsergebnissen und somit auch eine Vielzahl von Visualisierungstechniken. Präsentation ist nicht gleichzusetzen mit der bloßen Vermittlung von Fakten oder Informationen. Präsentiert werden kann auch ein Produkt, ein Gegenstand oder ein Prozess. Durch Visualisierungstechniken werden Sachverhalte anschaulicher und
10 verständlicher. Die Präsentation einer Mindmap kann beispielsweise helfen, einen Überblick über das zu Vermittelnde zu gewinnen. Dem gleichen Ziel dienen Schaubilder. Sie veranschaulichen komplizierte Prozesse und
15 Sachverhalte. Dadurch können meist langwierige Erklärungen vermieden werden.

Vor der Präsentation solltest du dir bestimmte Fragen beantworten, zum Beispiel:
• Wie viel Zeit steht mir für die Präsentation
20 zur Verfügung?
• Wer sind meine Zuhörer? Welches Vorwissen haben sie, was erwarten sie von mir und wie kann ich sie in die Präsentation einbeziehen? Wie kann ich ihr Interesse
25 wecken und aufrechterhalten?
• Welches Ziel verfolge ich mit meiner Präsentation?
• Welche Visualisierungsform ist dem Ziel entsprechend am geeignetsten?
30 • Welche Aussagen möchte / sollte ich visualisieren?
• Durch welche Präsentationsmedien werden meine Aussagen unterstützt?

Eine wesentliche und sehr häufige Form
35 der Präsentation ist das Kurzreferat. Folgende Tipps helfen, die Wirkung eines Kurzvortrags zu steigern:
• Um dem Vortrag besser folgen zu können, sollte die Gliederung auf Folie o. Ä. gezeigt
40 und immer wieder eingeblendet werden.
• Ebenso können Zwischenergebnisse und die Zusammenfassung der Hauptgedanken mithilfe von Schaubildern visualisiert werden.
• Entscheidet man sich für ein oder mehrere
45 Plakate, ist Folgendes zu beachten: Weniger ist meistens mehr. Nur gut lesbare Plakate erhöhen das Interesse und unterstützen einen Vortrag wirkungsvoll.

b Was ist eine Präsentation und wozu dient sie? Schreibe eine kurze Definition auf.

_____

_____

c Im Text erfährst du etwas über Präsentationstechniken und auch darüber, welche Fragen im Vorfeld einer Präsentation zu beantworten sind. Außerdem erhältst du Tipps für eine wirkungsvolle Präsentation. Markiere die entsprechenden Informationen verschiedenfarbig im Text, z.B. Präsentationstechniken rot, Fragen grün und Tipps blau.

d Fertige mithilfe der markierten Textstellen ein Schaubild auf Folie oder ein Plakat an, auf dem du Tipps für eine gute Präsentation darstellst. Du kannst die Hinweise aus dem Text erweitern. Denke dabei an Körpersprache, Sprechvortrag, Inhalt des Vortrags, Einbeziehung der Zuhörer.

e Diskutiert eure Schaubilder und Plakate in der Klasse vor allem unter den beiden Gesichtspunkten: Enthalten sie wesentliche Tipps für eine gute Präsentation? Ist das Schaubild / Plakat übersichtlich gestaltet?

Über Sprache nachdenken

Bau und Zeichensetzung des einfachen Satzes

Satzglieder und ihre Anordnung
→ SB S. 106–109

1a „Texte wirken durch den Bau der Sätze." Inwiefern trifft diese Aussage auf die folgenden Auszüge aus einer Internetmitteilung zu?
Notiere deine Überlegungen in Stichpunkten unter dem Text.

**Jugend und Multi-Media:
Ergebnisse von Befragungen**

Der Umgang mit den verschiedensten
Medien gehört für die Zwölf- bis Neunzehn-
jährigen zu den wichtigsten Freizeitbeschäfti-
gungen. Das Fernsehen nimmt dabei nach
5 wie vor den größten Raum ein. 92 % der
Jungen und Mädchen sehen täglich bzw. an
mehreren Tagen der Woche fern. 53 % der
Jugendlichen unterhalten sich mehrmals pro
Woche mit ihren Freunden über Fernseh-
10 sendungen. Die Nutzung von Internet und
Online-Diensten ist deutlich angestiegen.
Der Prozentsatz der Interneterfahrenen liegt
gegenwärtig bei 85 %. Die Gruppe der
Handybesitzer hat sich seit 1998 sprunghaft
15 vergrößert. Bereits 90 % der Zwölf- bis
Neunzehnjährigen verfügen über ein eigenes
Mobiltelefon.

---

b Untersuche den Text genauer unter folgenden Gesichtspunkten:

• Anliegen des Textes: _____

• vorherrschender Satzbau: _____

• Länge der Sätze: _____

• Anordnung und Ausgestaltung der Satzglieder: _____

c Schreibe den Text so um, dass nicht mehr in allen Sätzen das Subjekt am Satzanfang steht. Wie verändert sich dadurch die Wirkung der Sätze? Schreibe auf ein extra Blatt Papier.

d Unterstreiche die Satzglieder, mit denen du die Sätze begonnen hast, und bestimme sie.

2 In   Deutschland / untersuchen   seit   mehreren   Jahren

<u>Lokalbestimmung</u> / _____

verschiedene   Forschungsgruppen   regelmäßig

_____

die   Mediennutzung   oder   das   Medienverhalten   von   Kindern   und   Jugendlichen.

_____

a Aus welchen Satzgliedern besteht dieser Satz? Mithilfe der Umstellprobe kannst du sie erkennen. Grenze sie – wie im Beispiel – durch Schrägstriche voneinander ab.

b Schreibe in die Leerzeile unter das jeweilige Satzglied seine grammatische Bezeichnung.

3 a Was könnte mit der Überschrift des folgenden Textes gemeint sein?
Schreibe deine Vermutung auf.

_____

_____

_____

_____

Generation @

Schon vor ca. 15 Jahren wurde in einigen
ausgewählten Versuchsschulen die Arbeit
mit dem Computer eingeführt. Während
des Unterrichts und auch zu Hause nutzen
5 die Schülerinnen und Schüler in verstärk-
tem Maß elektronische Hilfsmittel.
Sogar in Grundschulen hat man Modell-
versuche mit Erstklässlern gestartet. In ihre
Tische sind berührungsempfindliche Bild-
10 schirme zum Schreiben und Malen ein-
gelassen. Die Schülerinnen und Schüler
können jederzeit per Knopfdruck ihre
Bilder oder Botschaften auf dem Großbild-
schirm im Klassenraum sichtbar machen
15 oder sie ihren Mitschülern per E-Mail
schicken.
Aus Sorglosigkeit oder aus übertriebenem
Ehrgeiz statten manche Eltern ihren Nach-
wuchs bereits im Säuglingsalter mit Spiel-
20 zeug im Computerlook aus. Laut Prospekt
soll der Umgang mit Joystick und bunten
Klötzchentasten die Feinmotorik der Kleinen schulen.

---

b Bestimme alle Satzglieder im Text. Unterstreiche sie mit unterschiedlichen Farben.

c Markiere die Bezeichnungen der Satzglieder jeweils mit der Farbe, die du in Aufgabe b verwendet hast.
Notiere Beispiele für jedes Satzglied in den entsprechenden Zeilen.

Prädikat _____

Subjekt _____

Temporalbestimmung _____

Lokalbestimmung _____

Modalbestimmung _____

Kausalbestimmung _____

Dativobjekt _____

Akkusativobjekt _____

Attribut _____

Zeichensetzung bei Aufzählungen, Appositionen und Infinitivgruppen
➡ SB S. 110–116

1 Vervollständige die beiden Sätze, indem du die Stichwörter in Klammern als Aufzählungen einfügst. Überlege, wann du ein Komma setzen musst.

(1) Die meisten Eltern befürworten ein Handy für Kinder ab 14 Jahre. Sie möchten _____

_____

_____

(ihre Kinder ständig erreichen können, ihren Aufenthaltsort kennen, ihnen evtl. Aufgaben übertragen können)

(2) Ein Viertel der befragten Eltern hat Bedenken. Sie befürchten _____

_____

_____

(Vernachlässigung normaler Verständigung, gesundheitliche Schäden, hohe Kosten)

2 Eine Aufgabe für Experten
Die Wirkung der folgenden Pro- und Kontra-Argumente lässt sich durch die Aufzählung weiterer Beispiele verstärken. Versuche es und ergänze Beispiele.

(1) Multimediales Lernen ist sehr anschaulich und effektiv durch die Einbeziehung von Bildern, Grafiken, Filmausschnitten, aktuellen Informationen und _____ .

(2) Beim Umgang mit dem Internet verschwendet man seine Zeit mit vielen sinnlosen Tätigkeiten, man sitzt herum, _____

_____ .

(3) Das Bücherlesen auf multimediale Weise kann sehr anregend sein, wenn z.B. Verfilmungen an-

gesehen werden können, wenn _____

_____ .

(4) Das Bücherlesen soll aber die Vorstellungskraft reizen, _____

_____

_____ und nicht nur der häppchenweisen Informationsaufnahme dienen.

3 Ilona und Sina wollen einer Freundin Glückwünsche zum Geburtstag senden, Ilona auf einer
Karte, Sina per E-Mail. Ilona behauptet: „Bei mir geht es schneller." Hat sie Recht?

a Zähle auf, was Ilona und Sina jeweils tun müssen, bis die Glückwünsche die Empfängerin
erreichen.

_____   _____

_____   _____

_____   _____

_____   _____

_____   _____

_____   _____

! Du weißt, es gibt Aufzählungen, in denen Informationen einander gegenübergestellt werden.

b Vervollständige die folgenden einfachen Sätze, indem du jeweils eine gegenüberstellende Information hinzufügst.

(1) Sina meint hinterher: „Meine Mail ist schon bei Marie, aber deine _____ ."

(2) Ilona erwidert: „Das stimmt zwar, doch _____ ."

(3) Marie stellt fest: „Informationen lassen sich heute nicht nur _____

_____ , sondern auch _____ ."

c Markiere die entgegensetzenden Konjunktionen in Aufgabe b und präge sie dir als Signale für die
Kommasetzung ein.

4 a   Ganz schön knifflig!

Lies zuerst den Text. Tauscht euch über die Frage am Ende aus.

(1) Am 3. September, einem Sonntag, hat Marie Geburtstag. (2) Sie freut sich auf diesen Tag und hat sich vorgenommen ihn richtig zu genießen. (3) Aber schon am frühen Morgen wird sie vom Handyklingeln geweckt. (4) Zwei Schulfreundinnen haben sich offenbar vorgenommen als Allererste zu gratulieren. (5) Während des Frühstücks erhält sie Anrufe von drei weiteren sehr mitteilsamen Klassenkameradinnen. (6) Die Familienstimmung trübt sich allmählich. (7) Marie entschließt sich dazu das Handy erst einmal abzustellen. (8) Die späteren Gratulanten nutzen andere Wege um ihre Glückwünsche zu übermitteln. (9) Am Abend druckt der Computer Sinas E-Mail aus. (10) Dann folgen weitere sechs DIN-A4-Blätter. (11) Marie freut sich darüber so viele Glückwünsche zu erhalten. (12) Aber sie bemerkt auch, dass die Mails alle gleich aussehen und sehr sachlich wirken. (13) Ilonas Geburtstagskarte kommt erst am Montag an. (14) Trotz der Verspätung freut sich Marie sehr über diese Karte. (15) Würdest du ähnlich oder ganz anders reagieren?

b   Kreuze bei jeder Frage die richtige Antwort der Kandidaten an.
Nur eine Kandidatin / ein Kandidat hat alle Fragen richtig beantwortet.
Welche / welcher ist es?

- Wie viele Infinitivgruppen kommen im Text vor?
- In welchen Sätzen muss die Infinitivgruppe durch ein Komma abgetrennt werden, das im Text aber fehlt?
- In welchem Satz wurde eine Apposition verwendet?
- Wie viele Aufzählungen gibt es im Text?
- In welchem Satz fehlt in der Aufzählung ein Komma?

3	5	2	5	3
7+8	7+11	8+11	7+11	4+7
1	5	1	1	13
4	3	5	4	5
5	2	15	5	1

c   Setze die fehlenden Kommas (es sind drei) im Text.

Bau und Zeichensetzung des zusammengesetzten Satzes

➡ SB S. 117–124

1a Verknüpfe die beiden Einzelsätze jeweils zu einem zusammengesetzten Satz.
Welche Einleitewörter lassen sich verwenden?

„Hauptsache, ich kriege die Sache geregelt."

(1) Kai hat neun Jahre lang die Schule besucht. Er kann nicht lesen und schreiben.

weil   da   trotzdem   obwohl

Kai hat neun Jahre lang die Schule besucht trotzdem kann
er nicht lesen u. schreiben. Kai hat neun Jahre lang die Schule besucht
obwohl er nicht lesen u. schreiben kann.

(2) Wie Kai geht es etwa vier Millionen Menschen in Deutschland. Man nennt sie funktionale

Analphabeten.   und   da   darum   die

Wie Kai geht es etwa vier Millionen Menschen in Dt. darum
nennt man sie funktionale Analphabeten. Wie Kai geht
Wie Kai geht es etwa 4 Millionen Menschen in Dt. die nennt man funktionale
Analphabeten.

(3) Sie haben trotz Schulbesuch große Schwierigkeiten im Umgang mit der Schriftsprache.

Sie scheuen sich vor dem Lesen und Schreiben.   da   seit   deshalb   und

Sie haben trotz Schulbesuch große Schwierigkeiten im
Umgang mit der Schriftsprache deshalb scheuen sie
sich vorm to dem lesen u. Schreiben.

(4) Manche von ihnen entwickeln ganz besondere Strategien. Ihre Schwäche soll verborgen

bleiben.   damit   deshalb   sodass   nachdem

Manche von ihnen entwickeln ganz besondere Strategien
damit ihre Schwächen verborgen bleiben. Manche von ihnen entwickeln
ganz besondere Strategien deshalb bleiben ihre Schwächen verborgen.

b Ergänze den folgenden Merkkasten.

Tipps: Wie du Satzgefüge und Satzverbindungen erkennen kannst

Zusammengesetzte Sätze, die nach dem Muster | HS, HS | gebildet sind, nennt man

Satzverbindungen . Hauptsätze werden meist mit nebenordnenden Konjunktionen

wie *und, oder, aber, (je)doch, sondern, denn, trotzdem* verbunden.

Zusammengesetzte Sätze nach dem Muster | HS, NS | oder | NS, HS | heißen

Satzgefüge . Nebensätze beginnen meist mit unterordnenden Konjunktionen

obwohl, darum, deshalb

wie *als, weil, wenn, nachdem, bevor, damit, sodass* und enden dann mit der finiten Verbform.

Nebensätze kannst du einteilen
• nach ihrem Satzgliedwert (Subjektsatz, Objektsatz, Adverbialsatz, Attributsatz);
• nach der Stellung zum Hauptsatz (Vordersatz, Zwischensatz, Nachsatz);
• nach der Art des Einleitewortes (Konjunktionalsatz, Relativsatz, Fragewortsatz);
• nach dem Grad der Abhängigkeit vom Hauptsatz (Nebensatz 1., 2. oder 3. Grades).

2a Lies zuerst die folgenden Sätze.

(1) Wer heute nicht lesen und schreiben kann, der hat große Schwierigkeiten, einen Job zu finden.

(1) NS (Subjektsatz, Vordersatz, Fragewortsatz), HS

① NS (Subjektsatz), HS (Attr. Satz)

(2) Das hat Kai, der keinen Beruf erlernt hat, schon mehrfach zu spüren bekommen.

② HS, NS, HS

(3) Da er ein Autonarr ist, wollte er unbedingt den Führerschein erwerben und meldete sich bei einer Fahrschule an.

③ NS, HS (Adverbialsatz)

(4) Der Ausbilder merkte schnell, dass Kai praktisches Talent hat.

④ HS, NS (Obj. Satz)

(5) Dass der Bursche aber den Fragebogen für die Theorieprüfung nicht lesen und ausfüllen kann, konnte sich der Fahrlehrer gar nicht vorstellen.

⑤ NS, HS (Obj. Satz)

(6) Erst nachdem Kai mit großem Fleiß alles auswendig gelernt hatte, bestand er die theoretische Prüfung.

⑥ HS, NS NS, HS (Adverbialsatz)

(7) Er fand auch einen Chef, der dem jungen, engagierten Mann eine Chance geben wollte.

⑦ HS, NS, NS (Obj. Satz)

(8) Aber die Schwierigkeiten begannen, als der Kraftfahrer auch außerhalb seines Heimatortes eingesetzt wurde.

⑧ HS, NS (Adv. Satz)

(9) Da Kai Ortseingangs- und Ladenschilder ebenso wenig lesen konnte wie Lieferscheine, kam es zu vielen Verwechslungen, Umwegen und Zeitverzögerungen.

⑨ NS, HS (Adverb. Satz)

b In zwei Satzgefügen sind die Nebensätze schon unterstrichen. Kennzeichne auch die anderen.

c Ergänze zu jedem Satz den jeweiligen Satzbauplan. Bestimme den Satzgliedwert der Nebensätze, ihre Stellung zum Hauptsatz und die Art des Einleitewortes.

3 a Der folgende Text ist nicht leicht zu lesen, denn er besteht aus mehrfach zusammengesetzten Sätzen, in denen alle Kommas fehlen. Versuche ihn zu lesen und zu verstehen.

(1) Wohl jeder der von funktionalen Analphabeten und ihrer Entwicklung liest oder hört wird nachdenklich und stellt Fragen auf die sich gar nicht so leicht Antworten finden lassen.

(2) Vor allem möchte man wissen wo die Ursachen für diese Schwächen oder Blockaden liegen und wer dafür verantwortlich ist dass sie jahrelang unbemerkt bleiben.

(3) Man fragt sich aber auch was Erwachsene empfinden wenn sie z.B. mit dem Computer oder dem Fahrkartenautomaten der heute auf fast allen Bahnhöfen steht nicht umgehen können.

(4) Hanna erinnert sich dass sie neulich eine Fernsehsendung gesehen hat die sich mit dieser Problematik beschäftigte und in der einige Männer und Frauen über ihre Situation redeten.

(5) Es wurde deutlich dass die Einzelnen ganz unterschiedlich mit ihrem Handikap umgehen.

(6) Manche vertuschen ihre Schwächen manche gewöhnen sich daran dass ihnen geholfen werden muss einige belegen mit mehr oder weniger Erfolg Alphabetisierungskurse die Volkshochschulen oder andere Bildungseinrichtungen anbieten.

b Hier sind die Satzbaupläne zu den ersten drei zusammengesetzten Sätzen. Überprüfe sie und setze danach die Kommas im Text.

(1) HS, NS (1. Grades), Fortsetzung des HS, NS (1. Grades)
(2) HS, NS (1. Grades), NS (1. Grades), NS (2. Grades)
(3) HS, NS (1. Grades), NS (2. Grades), NS (3. Grades), Fortsetzung des NS (2. Grades)

c Notiere auch zu den restlichen drei Sätzen die Satzbaupläne. Setze dann die fehlenden Kommas im Text.

(4) _HS, NS (1°), NS (2°), NS (2°)_ ✓

(5) _HS, NS_ ✓

(6) _HS, HS, NS (1°), HS, NS (1°), NS (2°)_

d Notiere weitere Nachteile, die Analphabeten in bestimmten Situationen haben können, auf einem extra Blatt Papier.

Tipps: Wie du die Kommasetzung überprüfen kannst

1. Achte auf die Stimmführung! Wo du zwischen den Sinneinheiten eine Pause machst und die Stimmführung ansteigt, könnte eine Kommastelle sein.
2. Achte auf Konjunktionen wie *dass, sodass, weil, da, als, wenn, denn* u.a.! Sie leiten meist Teilsätze ein, die durch Komma abgetrennt werden müssen.
3. Suche die finiten Verbformen im Text. Stehen zwei finite Verbformen unmittelbar nebeneinander, muss zwischen ihnen ein Komma gesetzt werden.
4. Bei Infinitiven mit *zu* kann man ein Komma setzen. Weisen Wörter wie *daran, darüber, es* auf Infinitivgruppen mit *zu* hin, muss man ein Komma setzen.
5. Prüfe, ob Appositionen oder nachgestellte Erläuterungen durch Komma(s) abgegrenzt werden müssen.

Wortarten und Wortformen

B *Modusformen des Verbs*

→ SB S. 129–132

1a Lies die folgenden Texte. Welche Unterschiede in der Art und Weise der Darstellung fallen dir auf?

Schule in Europa

(1)

Alle reden über die Schule – über die Schulen in Deutschland und auch in anderen Ländern. Aber wer kennt schon ein anderes Schulsystem? Wer weiß z. B., dass es in den europäischen Ländern ganz erhebliche Unterschiede hinsichtlich Beginn und Dauer der Schulpflicht gibt? In Großbritannien und in den Niederlanden besuchen die Kinder vom fünften Lebensjahr an die Schule, in Dänemark werden sie erst mit sieben Jahren eingeschult. Die kürzeste Schulzeit haben italienische Schüler mit gegenwärtig acht Schuljahren, die Kinder in Großbritannien und in den Niederlanden gehen zwölf Jahre – und damit am längsten – in die Schule. Auch der Schulalltag unterscheidet sich z. B. dadurch, dass in Holland, England, Frankreich und anderen Ländern Ganztagsunterricht stattfindet oder am Nachmittag in den Schulen viele Freizeitaktivitäten angeboten werden.

(3)

Maxi fordert: „Redet nicht so viel über Veränderungen, lasst uns doch gleich anfangen!"

(4)

Marie sagt: „Ich würde eine einheitliche Schulzeit für alle europäischen Länder einführen, aber die jeweiligen Schultraditionen sollten weitgehend beibehalten werden. In meiner Schule würden alle Kinder von der ersten Klasse an eine Fremdsprache lernen. Jeder Schüler müsste mindestens ein Jahr in einem anderen Land verbringen. Es gäbe keine Zensuren, der Unterricht müsste abwechslungsreich und interessant sein."

(2)

Jannes meint, für ihn sei das Allerwichtigste, den Schülerinnen und Schülern mehr Mitbestimmungsrechte einzuräumen. Man solle sie stärker an der Zensierung und auch an Entscheidungen über die Versetzung beteiligen. Gut sei auch, die Lehrer – wie in der Schweiz – zu wählen.

b Untersuche, welche Modusformen des Verbs jeweils genutzt wurden. Markiere sie in den Texten mit unterschiedlichen Farben.

c Was wird durch die jeweilige Modusform bewirkt?

Text 1: _____

_____

_____

2a   Welche Veränderungen wünschst du dir in deiner Schule? Schreibe weiter.

In meiner Schule würden die Kinder mitbestimmen können. In meiner
Schule würde es jeden Tag weniger als 7. oder 8. Stunden geben.
In meiner Schule würde der Unterricht erst um 8.45 Uhr
anfangen.

b   Markiere die Konjunktivformen, die du verwendet hast.

Tipps: Wie du die Art und Weise deiner Darstellung mithilfe der Modusformen verändern kannst

Du kannst etwas darstellen als

tatsächlich, wirklich ———→	**Indikativ**	*Es kam zu keiner Einigung.*
nur vorgestellt, nicht wirklich, gewünscht ———→	**Konjunktiv II**	*Falls es nicht zu einer Einigung gekommen wäre, hätte das Los entscheiden müssen.*
indirekte Redewiedergabe ——→	**Indikativ**	*Es hieß, dass man eine Einigung gefunden hat.*
——→	**Konjunktiv I**	*Es hieß, man habe eine Einigung gefunden.*
——→	**Konjunktiv II**	*Es hieß, man hätte eine Einigung gefunden.*
Forderung ———→	**Imperativ**	*Verständigt euch! Einigen Sie sich!*
Der Konjunktiv II wird oft mit *würde* + Infinitiv umschrieben ————→		*Ich würde folgende Veränderungen vornehmen.*

---

3   Im folgenden Text wird der Konjunktiv II zu oft mit *würde* + Infinitiv umschrieben.
Verändere die Sätze. Verwende dabei Verben, auch Modalverben, im Konjunktiv II.
Wie wirkt diese Veränderung?

(1) Wenn ich die Schule verändern könnte, würde ich bei den Schulbauten beginnen. (2) Schulgebäude und Klassenräume würde ich so bauen oder umgestalten lassen, dass sich Schüler dort wie zu Hause fühlen. (3) Ich würde viel mehr Hobbyräume und Sportmöglichkeiten planen. (4) Auch Blumenkästen würde ich vor den Fenstern anbringen lassen. (5) Die Zahl der Schüler würde ich auf höchstens 20 pro Klasse begrenzen. (6) Hausaufgaben würde ich abschaffen.

(2) … ließe ich so umbauen, dass …; (3) Es gäbe …;

4 a Hier handelt es sich um indirekte Redewiedergabe. Setze die fehlenden Verbformen richtig ein.

(1) Britta erklärte nach Bearbeitung der Aufgaben, sie _könne_ (können) solche Spinnereien überhaupt nicht leiden, es _komme_ (kommen) ja doch nichts dabei heraus. (2) Einige Mitschüler gaben ihr Recht, andere meinten, das _stimme_ (stimmen) nicht ganz. (3) Erstens _schule_ (schulen) eine solche Übung die Denkfähigkeit und Fantasie, zweitens _sei_ (sein) es nie verkehrt, über Veränderungen nachzudenken. (4) Frau Fischer sagte, dass sich viele unserer Vorschläge nicht verwirklichen _ließen_ (lassen), sie _seien_ (sein) zu unrealistisch.

b Vergleiche deine Lösungen mit denen einer Mitschülerin / eines Mitschülers.
Welche Möglichkeiten der Verwendung des Konjunktivs hast du gewählt? Begründe deine Wahl.

B *Pronomen als Begleiter oder Stellvertreter des Substantivs*
➡ SB S. 127–128

1 Wenn Personen oder Sachverhalte nicht genau genannt werden können oder sollen, wie im nächsten Text, dann verwendet man an ihrer Stelle unbestimmte Pronomen (Indefinitpronomen).

a In den ersten zwei Sätzen sind die unbestimmten Pronomen schon markiert.
In den restlichen Sätzen kommen acht weitere Beispiele vor. Kennzeichne sie ebenfalls.

Wie ein Gerücht entsteht

<u>Jemand</u> erfährt <u>irgendetwas</u> Ungewöhnliches. Natürlich erzählt er es <u>niemandem</u> weiter. Trotzdem wissen dann <u>einige</u> <u>irgendwelche</u> Details, aber <u>niemand</u> weiß Genaues. <u>Man</u> rätselt, fragt bei <u>etlichen</u> Bekannten nach. <u>Manche</u> vermuten <u>etwas</u>. <u>Irgendeiner</u> spricht schließlich aus, was so ursprünglich <u>keiner</u> gesagt hat.

---

b Schreibe in ähnlicher Form einige Sätze mit unbestimmten Pronomen auf.

<u>Alle haben Ideen geäußert.</u> _____

_____

_____

2 Frage nach! Einige Fragen kannst du mit unterschiedlichen Fragepronomen vervollständigen – je nach Zweck der Frage.

Unerhört – aber nicht genau gehört

(1) _Was_ soll alles verändert werden? (2) Von _wem_ habt ihr das erfahren?

(3) _Wer_ hat euch solchen Unsinn erzählt? (4) _Wessen_ Aussage ist nicht glaubwürdig? (5) _Welcher_ Vorschlag wurde gemacht? (6) _Wem_ traust du das nicht zu?

3 a   Ergänze in der Übersicht die fehlenden Bezeichnungen und Beispiele.

Tipps: Welche Arten von Pronomen du unterscheiden musst

Personalpronomen
(persönliche Fürwörter)   *ich,* _duser, sie, es_ _____

_____

_____
(besitzanzeigende Fürwörter)   *mein,* _____

                                  unser, _____

Demonstrativpronomen
(hinweisende Fürwörter)   *jener,* _____ *, der,* _____

                                  dieser, _____

Relativpronomen
(bezügliche Fürwörter)   *der,* _____ *, was,* _____

                                  welcher, _____

_____
(unbestimmte Fürwörter)   *jedermann, einige, manche, etwas, man,*

                                  keiner, jemand, _____

Interrogativpronomen
(Fragefürwörter)   *Wer?, Was für ein?,* _____

---

b   Bereite einen Kurzvortrag über die Einteilung der Pronomen sowie über ihre Funktion und ihre Leistung im Satz vor. Nutze dabei deine Ergebnisse von Aufgabe a.

Adjektive

❗ Erinnerst du dich? Adjektive bezeichnen Merkmale oder Eigenschaften, z.B.: *ein einfaches Experiment; nur eine kleine Veränderung.*
Adjektive lassen sich steigern, z.B.: *einfacher, als du denkst; die kleinste Veränderung.*

1   Nicht alle der folgenden Wörter sind Adjektive und weisen die oben genannten beiden Merkmale auf. Mithilfe der Einsetzprobe findest du die Adjektive aber leicht heraus. Nur sie lassen sich in die Sätze (1) und (2) einsetzen.
Markiere die Adjektive und setze sie in der richtigen Form in die beiden Sätze ein.

witzig ❖ *aktiv* ❖ *vielleicht* ❖ *dort* ❖ *interessiert* ❖ *diese* ❖ *heute* ❖ *kritisch* ❖ *aufgeschlossen* ❖ *manche* ❖ *ideenreich* ❖ *einsatzbereit*

(1) Ich wünsche mir in unserer Klasse _____

_____ Mitschüler.

(2) Die Schüler unserer Klasse müssten _____

_____ als andere Schüler sein.

2 a Steigere die folgenden Wörter.

schmal	<u>schmaler</u>	am
selten		
blass		
bescheiden		
zuverlässig		
geschickt		
beunruhigend		
wohlmeinend		

b Die beiden letzten Beispiele sind keine ursprünglichen Adjektive, sondern _____ .
Worauf musst du bei der Schreibung ihrer Superlativformen besonders achten? Markiere die
Buchstaben farbig.

3 a Setze die Adjektive in den Text ein. Entscheide, ob du sie in der Grundstufe einsetzen musst
oder in einer Steigerungsstufe.

groß, dünn, unberührt, zerklüftet, spitz, steil, günstig, mild, großartig, geheimnisvoll

Norwegen – Dach Europas

(1) Seiner Oberfläche nach ist Norwegen eines der _____ Länder Europas.

(2) Mit einer Bevölkerung von ca. vier Millionen gehört es aber zu den _____

_____ besiedelten. (3) Weniger als 1 % des Landes ist bewohnt, der gesamte

restliche Teil ist _____ Gebiet: Hochebene und Wald. (4) Im Süden und

Westen dringen _____ Fjorde mit _____ Gipfeln

und _____ Abgründen tief in die Küste ein. (5) Diese Fjorde schaffen

_____ klimatische Bedingungen für den Obstanbau. (6) Das Klima in Küsten-

nähe ist überhaupt _____ , als man es für dieses Gebiet erwartet. (7) Der

Norden bietet im Sommer _____ Naturschauspiele, wenn die Mitternachts-

sonne nicht hinter dem Horizont verschwindet, sondern Fjorde und Berge mit _____

_____ Licht beleuchtet.

b Welche anderen Möglichkeiten der Steigerung kennst du?

4a *als* oder *wie*? Setze richtig ein und begründe deine Wahl.

(1) Oslo ist kleiner _____ die anderen skandinavischen Hauptstädte.

(2) Oslo ist auch kein so gewaltiger Touristenmagnet _____ Paris, London oder Rom, hat aber _____ alle Metropolen eine besondere Atmosphäre.

(3) Weil alles nicht so überdimensioniert ist, ist das Leben in Oslo nicht ganz so hektisch _____ in anderen europäischen Großstädten.

(4) Kaum eine andere Hauptstadt hat eine so schöne Umgebung _____ sie um Oslo anzutreffen ist.

(5) Das Schizentrum „Holmenkollen" liegt näher an der Stadt _____ Fremde es vermuten.

(6) Im Winter können die Osloer ebenso gut Sport treiben _____ im Sommer.

(7) Baden, Segeln, Surfen ist im Oslo-Fjord sehr viel unkomplizierter möglich _____ in mancher anderen europäischen Küstenstadt.

b In welchen Sätzen muss ein Komma gesetzt werden, weil durch *als* oder *wie* ein Nebensatz eingeleitet wird? Setze die fehlenden Kommas.

c Unterstreiche alle Adjektive im Text. Welche Steigerungsform liegt jeweils vor?

5 Vervollständige die Übersicht.

> ## Tipps: Welche Steigerungsformen du unterscheiden musst
>
> Steigerungsformen drücken die Abstufung einer Eigenschaft aus. Man unterscheidet drei Stufen:
>
> | Positiv | Kompa... | Su... |
> |---|---|---|
> | *selten* | _____ | am _____ |
> | *bedeutend* | bedeutender | am _____ |
> | *entschieden* | _____ | am _____ |
> | *packend* | _____ | am _____ |
>
> Steigerungsformen dienen zum Ausdruck eines Vergleichs. Steigerbar sind als einzige Wortart Adjektive, auch solche, die aus Partizipien hervorgegangen sind (*bedeutend, entschieden*).
>
> Bei Gleichheit verwendet man den _____ und das Vergleichswort _____ ,
>
> bei Ungleichheit den _____ und das Vergleichswort _____ .

Wortbedeutung

Homonyme
 SB S. 137

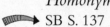 Wörter, die gleich geschrieben oder gesprochen werden, aber unterschiedliche, voneinander völlig unabhängige Bedeutungen haben, nennt man Homonyme.

1 Gleiches Wort – unterschiedliche Bedeutung. Schreibe die Homonyme mit den dazugehörigen bestimmten Artikeln auf.

– Niederschlag
– starkes Schiffsseil

<u>der Tau / das Tau</u>

– Nadelbaum
– Teil des Gesichts

_____

– Geldschein
– Musikzeichen
– Zensur

_____

- Musikgruppe
- schmaler Streifen Stoff
- einzelnes Buch / Teil eines Gesamtwerks
_____

2a Welche der folgenden Wörter haben Homonyme, welche nicht? Ordne sie in die Tabelle ein.

Garten ❖ Schild ❖ Krümel ❖ Bauer ❖ Gehalt ❖ Traum ❖ Mutter ❖ Abend ❖ Bremse ❖ Haus ❖ Reif ❖ Marmelade ❖ Flur ❖ Sessel

Homonyme	Wörter ohne Homonyme

 Wenn du unsicher bist, kannst du in einem Wörterbuch nachschlagen.

b Schreibe die Homonyme mit den dazugehörigen Artikeln auf. Notiere daneben die unterschiedlichen Bedeutungen der Wörter.

<u>das Schild (Erkennungszeichen) – der Schild (Schutzwaffe),</u> _____

_____

_____

_____

Antonyme

! Wörter, mit denen du Gegensätze ausdrücken kannst, nennt man Antonyme.

3 Wie heißt das Gegenteil zu den schräg gedruckten Wörtern?
Streiche die jeweils nicht passenden Adjektive einfach durch.

(1) Er hat *scharfe* Augen.	stumpf / mild / schwach
(2) Sie liebt *scharf* gewürzte Speisen.	stumpf / mild / schwach
(3) Er hantierte mit einem *scharfen* Messer.	stumpf / mild / schwach
(4) Das ist eine *leichte* Aufgabe.	hart / schwer / tief
(5) Sie hat einen *leichten* Schlaf.	hart / schwer / tief
(6) Er versetzte ihm einen *leichten* Schlag.	hart / schwer / tief

4 Welche Antonyme gehören in die Lücken der folgenden Sätze? Wenn du die Aufgabe richtig löst, ergeben ihre Anfangsbuchstaben ein Wort, das Anerkennung ausdrückt.

(1) Warum es zu dem Unfall gekommen ist? Er hatte beschleunigt

anstatt zu _____ .

(2) An eurer Stelle würde ich während der Trockenzeit in das Land

fahren und nicht während der _____ .

(3) Am Morgen fuhren wir mit unseren Rädern los. Und erst am

_____ kehrten wir zurück.

(4) Nur Feuerwehr und Krankenwagen haben die Erlaubnis, diese Straße zu befahren.

Für alle anderen Fahrzeuge besteht hier ein _____ .

(5) In der Tiefe des Sees war das Wasser eiskalt, aber an der

_____ war es angenehm warm.

Metaphern, Personifizierungen und Redewendungen
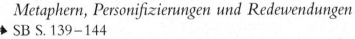 SB S. 139–144

! Viele Wörter werden nicht nur in ihrer ursprünglichen, sondern auch in übertragener Bedeutung gebraucht. Man nennt sie Metaphern. Mit ihrer Hilfe kannst du dich anschaulicher ausdrücken.

5 a Die folgenden Wortgruppen kannst du in ursprünglicher, aber auch in übertragener Bedeutung verwenden. Erkläre sowohl die ursprüngliche als auch die übertragene Bedeutung.

	ursprüngliche Bedeutung	übertragene Bedeutung
kalter Kaffee	– Kaffee, der kalt geworden, also nicht mehr frisch ist	– eine Nachricht, die jeder schon kennt
grünes Licht	–	–

	ursprüngliche Bedeutung	übertragene Bedeutung
großer Bahnhof		
roter Faden		

b Tauscht euch darüber aus, welche Gemeinsamkeiten zwischen der ursprünglichen und der übertragenen Bedeutung der Wortgruppen bestehen.

6 Unterstreiche in den folgenden Sätzen die Metaphern. Schreibe die Gemeinsamkeit zwischen ursprünglicher und übertragener Bedeutung auf.

(1) Ein Schlüssel zum Erfolg bei der Suche nach einem Ausbildungsplatz ist ein guter Schulabschluss, aber nicht jeder kann seinen Traumberuf erlernen.

Beispiel   etwas aufschließen, einen Zugang ermöglichen

(2) Wer in einem handwerklichen Beruf ausgebildet werden möchte, sollte goldene Hände haben.

(3) An einigen Formulierungen für das Bewerbungsschreiben habe ich lange gefeilt.

(4) Für manchen Auszubildenden ist die Praxis ein Kinderspiel und die Theorie ein steiniger Weg.

(5) Zu Beginn der Ausbildung ist der Azubi für den Meister ein unbeschriebenes Blatt.

! Eine besondere Form der Metapher ist die Personifizierung. Dabei werden menschliche Eigenschaften oder Verhaltensweisen auf Gegenstände oder Sachverhalte übertragen.

7a Unterstreiche die Personifizierungen in den folgenden Sätzen

(1) Endlich hatte sich der Sturm gelegt.
(2) Der Wind hatte sich gedreht, er blies jetzt aus westlicher Richtung.
(3) Der Regen klopfte ununterbrochen an unser Fenster.
(4) Plötzlich riss die Wolkendecke auf und die Sonne brach hindurch.
(5) Der Donner grollte nur noch in der Ferne.

b Schreibe zwei weitere Sätze zum Thema auf. Verwende Personifizierungen.

! Auch viele Redewendungen enthalten Metaphern.

8 Es dreht sich alles ums Geld

a Welche Redewendungen verbergen sich hinter den Zeichnungen? Was bedeuten sie?

_____

_____

_____

_____

b Ordne die Redewendungen in die richtige Gruppe ein:

abgebrannt sein ❖ *hinter dem Geld her sein* ❖ *im Geld schwimmen* ❖ *auf dem Geld sitzen* ❖
blank sein ❖ *Ebbe im Geldbeutel haben* ❖ *Geld scheffeln* ❖ *sich über Wasser halten* ❖
über die Runden kommen ❖ *am Geld kleben* ❖ *nach Geld stinken* ❖ *Geld wie Heu haben*

Geld haben	_____
	_____
kein oder wenig Geld haben	_____
	_____
reich, habgierig oder geizig sein	_____
	_____

c Erkläre an zwei Beispielen, warum es sich dabei um Metaphern handelt.

1. Beispiel: _____

_____

2. Beispiel: _____

_____

Wortbildung
 SB S. 145–146

Zusammensetzungen und Ableitungen

1 Stell dir vor, du besuchst einen Markt: Welche Händler / Verkäufer triffst du dort?
Bilde zusammengesetzte Substantive und schreibe sie auf ein extra Blatt Papier.
Unterstreiche Grundwort und Bestimmungswort verschiedenfarbig.

Beispiel Gemüsehändler, …

2 Zahlen kann man auf unterschiedliche Art und Weise.

a Bilde zusammengesetzte und abgeleitete Wörter und schreibe sie getrennt auf.

Zusammensetzungen	Ableitungen
anzahlen, _____	bezahlen, Zahlung, _____
_____	_____
_____	_____
_____	_____
_____	_____

b Unterstreiche Grundwort und Bestimmungswort bzw. Stamm, Präfix und Suffix verschiedenfarbig.

c Bilde Wortgruppen mit den Wörtern aus Aufgabe a.

eine größere Summe anzahlen, _____

_____

_____

_____

_____

3 Die gekauften Waren müssen nach Hause gebracht werden, aber wie?

a Bilde Zusammensetzungen und Ableitungen mit dem Stammwort *tragen*.

ab, an, aus, zu, hinauf, hinunter, hin, weg, ein, be-, ver-, vor, hinein, hoch, er-

-lich, -bar, -heit, -ung

Zusammensetzungen	Ableitungen
_____	_____
_____	_____
_____	_____
_____	_____

b Markiere diejenigen Wörter, deren Bedeutung vom Stammwort *tragen* (befördern, schleppen) abweicht.

c Wähle fünf Wörter aus und verwende sie in Wortgruppen oder kurzen Sätzen.

_____

_____

_____

_____

_____

4 Ordne die folgenden Wörter nach ihrer Wortart. Unterstreiche Grundwort und Bestimmungswort bzw. Wortstamm, Suffix und Präfix mit verschiedenen Farben.

Einkauf ❖ *käuflich* ❖ *ankaufen* ❖ *Käufer* ❖ *kaufmännisch* ❖ *erkaufen* ❖ *abkaufen* ❖ *Verkauf* ❖ *unverkäuflich* ❖ *Kaufwert* ❖ *kaufkräftig* ❖ *verkaufen* ❖ *kauflustig* ❖ *Kaufvertrag* ❖ *freikaufen*

Substantiv	Verb	Adjektiv
Einkauf _____	_____	_____
_____	_____	_____
_____	_____	_____
_____	_____	_____

Richtig schreiben

Aus Fehlern lernen

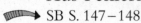 SB S. 147–148

1

> Hallo, Basti,
>
> was ist los auf eurem Zeltplatz? Wenn ich dir schon mal was ungewöhnliches zu erzählen habe, bist du über Handy nicht zu erreichen.
> Stell dir vor, ich habe mich gestern für einen Flug beworben, der in der Zeitung zwei Jenaer Einwohnern unendgeldlich angeboten wurde: von Frankfurt am Main nach
> 5   Rom und zurück nach zweistündigem Aufenthalt!! Allerdings musste eine möglichst orginelle Teilnahmebegründung für den Jubiläumsflug mit dem Airbus „Jena" eingesendet werden.
> Also habe ich gesternnachmittag Ideen ausgebrütet und mich später im geschickten Formulieren versucht. Nach vielerlei Veränderungen und Korrekturen habe ich
> 10   schließlich eine E-Mail an die Lokalredaktion abgeschickt.
> Nun hoffe ich auf den Telefonanruf, der die beiden Mitfliegenden im Lauf des Freitags benachrichtigen soll. Wahrscheinlich höre ich schon donnerstagnacht das Telefon unendwegt klingeln.
> Drücke mir die Daumen, dass ich nicht entäuscht werde, und – vielleicht fällt dir ja
> 15   auch irgendetwas Tolles ein.
>
> Dein Beni

a   Wie hättest du versucht, den Flug zu gewinnen? Hast du eine zündende Idee?

_____

_____

_____

_____

b   Der in der ersten Begeisterung geschriebene Brief an den Schulfreund enthält sieben Rechtschreibfehler. Suche und markiere die Fehlerwörter. Fertige eine sinnvolle Korrektur an.

_____

_____

_____

_____

_____

_____

Groß- und Kleinschreibung

 A *Substantivierungen*

➡ SB S. 149

1a Beni wollte seiner Bewerbung um den Flug nach Rom (Seite 68, Aufg. 1) eine auffällige Form geben. Er hat deshalb die gesamte E-Mail in Großbuchstaben geschrieben.
Schreibe den Text in der üblichen Groß- und Kleinschreibung, wenn möglich auf dem PC.
Nutze zur Kontrolle die Rechtschreibprüfung oder ein Wörterbuch.

Thüringische Landeszeitung Lokalredaktion jena@tlz.de
Betreff: TLZ-AKTION MIT DER „JENA" NACH ROM

SEHR GEEHRTE DAMEN UND HERREN DER LOKALREDAKTION,
HIERMIT BEWERBE ICH MICH UM DIE TEILNAHME AN DER FLUGREISE NACH ROM
AM 9. JULI. DAS KÖNNTE FÜR MICH DER START IN MEINEN TRAUMBERUF SEIN.
ICH WÜRDE NÄMLICH GERN ALS PANTOMIME IN DER ROLLE DES MALERS
LEONARDO DA VINCI AUF DEM FLUGHAFEN, DER JA NACH IHM BENANNT IST,
DIE REISENDEN UNTERHALTEN. VIELLEICHT IST JA GERADE EINER DER BERÜHMTEN
ITALIENISCHEN FILMREGISSEURE AUF DEM FLUGPLATZ UND ENTDECKT MICH!
GEBEN SIE MIR ALSO AUF JEDEN FALL DIE GELEGENHEIT ZUM MITFLIEGEN.

ES GRÜSST GANZ HERZLICH
BENITO G.

b Bei welchen Schreibungen warst du unsicher? Hier musst du gezielt üben.

2a In Bastians E-Mail fehlen bei einigen Wörtern die Anfangsbuchstaben. Entscheide, ob sie groß-
oder kleinzuschreiben sind, und ergänze richtig.

Hi, Beni, ich habe kein Handy mit, weil meine Eltern einen Urlaub ohne Handys verordnet haben. Als würde so ein Ding das ___andern oder ___aden stören! Aber es könnte mir hervorragend beim ___ertreiben der ___nendlichen Langeweile helfen. Glücklicherweise gibt es noch ein paar Menschen mit ___erständnis. Unser Nachbar ist ein ___olcher. Er hat seinen Laptop dabei und hat mir das ___bsenden dieser E-Mail ermöglicht, der ___ute! Meine ___pannung ist nämlich nicht mehr zum ___ushalten. Ich muss unbedingt wissen, was dir ___olles eingefallen ist. Ich habe mir auch schon alles ___ögliche überlegt, allerlei ___errücktes, aber nichts so richtig ___etziges und ___berzeugendes. Chrissi ist wie immer voller ___ewunderung und ___nerkennung für ___lles, was du machst. Also lass von dir hören! Am ___esten recht bald. Basti	w/W, b/B, v/V u/U v/V, s/S a/A g/G, s/S, a/A t/T m/M, v/V f/F, ü/Ü b/B, a/A, a/A b/B

b Übertrage die Tabelle auf ein extra Blatt Papier und sortiere die Wörter ein, die du großgeschrieben hast.

substantivierte Verben	substantivierte Adjektive	abgeleitete Substantive

Eigennamen

SB S. 150–154

1 Kennst du dich aus in Europa?
Wie heißen die hier abgebildeten Länder? Schreibe ihre Namen in die Legende.

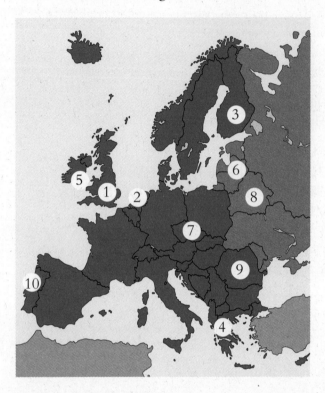

1. ~~Großbritannien~~ ✓
2. ~~Belgien~~ Niederlande ✓
3. Finnland ✓
4. Griechenland ✓
5. ~~Nothern~~ Irland ✓
6. Lettland ✓
7. ~~Tschechien~~ ✓
8. Weißrußland ✓
9. Rumänien ✓
10. Portugal ✓

2a Prominente Europäer – who is who? Ordne Namen und Erklärungen richtig zueinander.

die Beatles *1*
Thor Heyerdahl *2*
Jeanne d'Arc *3*
Christoph Kolumbus *4*
Marlene Dietrich *5*
Anne Frank *6*
Peter der Große *7*
Martina Navratilova *8*
Lech Wałęsa *9*
Vincent van Gogh *10*
Marie Curie *11*

7 • russischer Zar
8 • amerikanische Tennisspielerin tschechischer Herkunft
10 • niederländischer Maler
2 • norwegischer Ozeanüberquerer
1 • sehr erfolgreiche englische Musikgruppe
5 • aus Deutschland stammender Hollywoodstar
9 • Gewerkschaftsführer und später polnischer Staatspräsident
3 • französische Nationalheldin, auch Jungfrau von Orléans genannt
6 • ein durch sein Tagebuch bekannt gewordenes jüdisches Mädchen
4 • Italiener, der im Dienst Spaniens Amerika entdeckte
11 • aus Polen stammende französische Physikerin und zweifache Nobelpreisträgerin (Physik und Chemie)

die Beatles, eine

_____

_____

_____

_____

_____

b Ergänze selbstständig ein oder zwei prominente Personen und erkläre kurz, wer sie sind.

_____

_____

! Du weißt, wenn Adjektive Teil eines Eigennamens sind, werden sie großgeschrieben.

3 Eigenname oder kein Eigenname? Setze die Adjektive richtig ein.

der _Indische_ (indisch) Ozean ❖ der _Rote_ (rot) Platz in Moskau ❖

das _Jüdische_ (jüdisch) Museum in Berlin ❖ Opas _schwarzer_ (schwarz) Hut ❖

die _Blaue_ (blau) Grotte in Capri ❖ die _dänische_ (dänisch) Butter ❖

das _Goldene_ (golden) Gässchen in Prag ❖ das _gelbe_ (gelb) Trikot des Toursiegers ❖

die _Sächsische_ (sächsisch) Schweiz ❖ die _rote_ (rot) Karte beim Fußball ❖

die _atlantischen_ (atlantisch) Tiefausläufer ❖ das _Blaue_ (blau) Wunder in Dresden

B 4 Ein Bummel durch Europa
Entscheide: Werden diese geografischen Namen groß- oder kleingeschrieben?
Fülle die Lücken richtig aus.

! Erinnerst du dich? Geografische Namen auf -er werden großgeschrieben.
Geografische Namen auf -isch werden großgeschrieben, wenn sie Teil eines Eigennamens sind.
Enden sie auf -isch und sind nicht Teil eines Eigennamens, werden sie kleingeschrieben.

(F/f) Finnischer Meerbusen, (N/n) Norwegische Fjorde, (D/d) dänische Inseln

(L/l) lappländische Tundren, (D/d) Delfter Porzellan, (F/f) flämische Sprache

(I/i) Irische See, (B/b) burgundischer Weinanbau, (I/i) isländische Geysire

(S/s) Schottisches Hochland, (A/a) andalusische Olivenhaine

(P/p) portugiesische Küste, (G/g) Genfer See, (W/w) Wiener Prater

(I/i) Italienische Riviera, (J/j) jugoslawische Karstlandschaft

(Ä/ä) Ägäisches Meer, (G/g) griechische Kulturdenkmäler, (B/b) Banater Gebirge

(B/b) bulgarische Schwarzmeerkurorte, (B/b) Böhmisches Becken

(B/b) Budapester Stadtteile, (B/b) baltische Länder, (R/r) Rigaer Hafen

(M/m) Moskauer Kreml, (U/u) ukrainische Waldsteppen

Getrennt- und Zusammenschreibung

➔ SB S. 155–162

B   *Fest und unfest zusammengesetzte Verben*

1a   Was meint ihr zu der folgenden Zeitungsmeldung, insbesondere zu den Begründungen der Bewerber?

> ## Das Los musste entscheiden
>
> 32 Bewerbungen um den Flug nach Rom sind bei der Lokal-
> redaktion <u>eingegangen</u> und es war schwierig, die zwei
> stichhaltigsten Begründungen <u>auszuwählen</u>. Also haben wir
> <u>ausgelost</u> und gratulieren den beiden Gewinnern ganz herz-
> 5   lich. Hier einige der Begründungen:
> Ich muss unbedingt in Rom ein T-Shirt <u>nachkaufen</u>, das sich in
> der Waschmaschine verfärbt hat, aber das Lieblingskleidungs-
> stück meiner Tochter war.
> Mit meinen sehr guten Italienischkenntnissen könnte ich die
> 10   Crew bei ihren Einkäufen in Rom <u>unterstützen</u>.
> Damit sich die Passagiere auf dem Hin- und Rückflug nicht
> langweilen, werde ich die Videos der beiden berühmten Fuß-
> ballspiele FC Carl Zeiss Jena gegen AS Rom <u>vorführen</u>
> und diese dann dem Bordfernsehen <u>überlassen</u>.
> 15   Anlässlich des 20. Hochzeitstages hätten wir jetzt Gelegenheit,
> unsere „Hochzeitsreise" <u>nachzuholen</u>.
> Wie einst Hannibal will ich Rom erobern und gemeinsam
> mit meiner Freundin die ewige Stadt <u>durchstreifen</u>.

b   In den Sätzen wurden viele zusammengesetzte Verben verwendet. Markiere sie.

!   Du weißt: Verben können mit anderen Wörtern unfeste Zusammensetzungen bilden, die in bestimmten gebeugten Formen getrennt geschrieben werden. Es gibt aber auch feste Zusammensetzungen, die in allen Formen zusammengeschrieben werden.
Tipp: Um herauszufinden, um welche Art von Zusammensetzung es sich handelt, bilde in Gedanken die 3. Person Singular Präsens.

c   Ordne die Beispiele, die du im Text markiert hast, in die richtige Spalte ein.

unfeste Zusammensetzungen	feste Zusammensetzungen
eingegangen	*überlassen*
vorführen	*ausgelost*
	durchstreifen

2 a Die folgenden Verben sind in einer Bedeutung fest und in einer anderen unfest zusammengesetzt.
Trage sie in der richtigen Form ein und unterstreiche jeweils den betonten Wortbestandteil.

(1) Dieser Ferienort ist sehr _überlaufen_ .   *überlaufen*

Wann sagt man: „Mir ist die Galle _übergelaufen_ ."?

(2) Sie sind zum nächsten Tagesordnungspunkt _übergegangen_ .   *übergehen*

Wir haben Ronalds Einwand nicht _übergangen_ .

(3) Ich habe mir nur noch schnell eine Jacke _übergeworfen_ .   *überwerfen*

Er hat sich mit allen seinen Freunden _überworfen_ .

! Bei unfest zusammengesetzten Verben ist das Bestimmungswort betont.
⋆ Bei fest zusammengesetzten Verben ist das Grundwort betont.

b Bilde mit den drei Verben kurze Sätze, in denen die Bestandteile der Zusammensetzung getrennt
auftreten.

(1) _____

_____

_____

! Du weißt, es gibt Verben, die mit dem Bestimmungswort *zu* zusammengesetzt sind.
⋆ Um zu entscheiden, ob es sich um einen getrennt zu schreibenden Infinitiv mit *zu* oder
eine Zusammensetzung handelt, kannst du die Betonungsprobe machen:

Wird *zu* betont ➜ Zusammenschreibung: *Du musst fest zufassen.*
Wird das Verb betont ➜ Getrenntschreibung: *Das ist kaum zu fassen!*

A **3** Füge die in Klammern stehenden Verben in der richtigen Form mit *zu* ein.

(1) Dieses Mal musst du _zusehen_ (zusehen), dass du nicht wieder durch die

Prüfung fällst.

(2) Er hatte uns versprochen, seine beleidigenden Äußerungen in Zukunft _zu lassen_

(lassen).

(3) Wegen des dichten Nebels war auf der anderen Seite des Sees nichts _zu sehen_

(sehen).

(4) Es ist am besten, wenn du deine Schuld _zugibst_ (zugeben).

(5) Auch wenn es dir schwer fällt, dem Fahrlehrer solltest du aufmerksam _zuhören_

(zuhören).

(6) Es kann gefährlich sein, spätabends allein nach Hause _zu gehen_ (gehen).

(7) Unsere Mannschaft war heute nicht _zu schlagen_ (schlagen).

Regeln der Getrennt- und Zusammenschreibung

Tipps: Was du dir für die Getrenntschreibung einprägen solltest

Wenn mehrere Wörter eine Wortgruppe bilden, werden sie in der Regel getrennt geschrieben.

1. Immer getrennt geschrieben werden:
   Verb + Verb, z.B.: *stehen lassen*
   Partizip + Verb, z.B.: *getrennt leben*
   Substantiv + Verb, z.B.: *Rad fahren*
   Adverb + Verb, z.B.: *rückwärts laufen*
   Wortgruppen mit *sein*, z.B.: *vorbei sein*

2. Meistens getrennt geschrieben werden:
   Adjektiv + Verb, z.B.: *nahe bringen*

1a Schau dir die Tipps oben genau an. Schreibe als Überschrift in jeden Kasten, um welche Gruppe von Getrenntschreibungen es sich dabei handelt.

übrig sein recht sein _____ _____ _____	fallen lassen spazieren gehen _____ _____ _____	bekannt machen geschenkt bekommen _____ _____ _____
übrig bleiben schlecht gehen _____ _____ _____	Not tun Schlitten fahren _____ _____ _____	beieinander bleiben vorwärts gehen _____ _____ _____

b Trage in alle sechs Spalten weitere Beispiele ein. Du kannst sie aus der folgenden Sammlung auswählen.

Rad fahren ❖ Rat suchen ❖ nahe bringen ❖ beiseite legen ❖ da sein ❖ beisammen sein ❖ gültig bleiben ❖ verloren gehen ❖ baden gehen ❖ kennen lernen ❖ vorwärts kommen ❖ getrennt leben ❖ geheim bleiben ❖ klar machen ❖ vonstatten gehen ❖ schuld sein ❖ Not tun ❖ gefangen halten ❖ stecken bleiben ❖ spazieren gehen ❖ schwer fallen ❖ auseinander bringen ❖ vorhanden sein ❖ Schlittschuh laufen

2 Getrennt oder zusammen? Unterstreiche das jeweils Richtige.

> Probiere, ob sich das Adjektiv in der Fügung erweitern oder steigern lässt. Wenn ja, dann musst du getrennt schreiben, wenn nicht, dann ist die Zusammenschreibung richtig.

> **Beispiel** jemandem <u>nahe kommen</u> oder <u>nahekommen</u>? – Getrenntschreibung
> (erweiterbar: sehr/ganz nahe kommen, auch steigerbar: näher kommen)

(1) Die Ausfahrt muss *freigehalten werden / frei gehalten werden.*

(2) Die Aufgabe ist mir *schwergefallen / schwer gefallen.*

(3) Wir haben uns in unserer Ferienwohnung *wohlgefühlt / wohl gefühlt.*

(4) Dieser Betrag wird Ihnen *gutgeschrieben / gut geschrieben.*

(5) Er hat deine Worte nicht *ernstgenommen / ernst genommen.*

(6) Hast du den Vortrag *freigesprochen / frei gesprochen?*

3 a Erkläre die Bildung und Schreibung der Straßennamen.

Tipps: Wie du Straßennamen schreiben musst

Löwenplatz Neugasse Alexanderstraße	Neustädter Tor Breite Allee Am Sterndamm	Käthe-Kollwitz-Ring Von-Haase-Weg Ulrich-von-Hutten-Stieg
Ist das Bestimmungswort ein _____ , ein _____ oder ein _____ , dann schreibt man den Straßen- namen zusammen.	Du musst den Straßennamen _____ schreiben, wenn _____ _____ _____ _____	Du musst den Straßennamen mit Bindestrich durchkoppeln, wenn _____ _____ _____

b Vervollständige die drei Rechtschreibregeln.

> Bei der Schreibung von Namen für Gebäude, Straßen und Plätze musst du sowohl auf die Groß- und Kleinschreibung als auch auf die Getrennt- und Zusammenschreibung achten.

4 Vier der Namen von bekannten europäischen Straßen, Plätzen und Gebäuden sind falsch geschrieben. Suche die Fehler heraus und schreibe die Namen richtig auf.

der Rote Platz in Moskau ❖ *Downing Street Nr. 10 in London* ❖ *der Wiener Prater* ❖ *der Potsdamer-Platz in Berlin* ❖ *das goldene Gässchen auf der Prager Burg* ❖ *das Märkische Museum in Berlin* ❖ *der Eiffelturm und die Champs-Élysées in Paris* ❖ *das Karl May Museum in Dresden-Radebeul* ❖ *das Richard Wagner Festspielhaus in Bayreuth*

_____

_____

Worttrennung am Zeilenende

→ SB S. 163

1 Lies die folgenden Texte und fasse anschließend zusammen, was du über die Worttrennung erfahren hast.

> (1) GANZZUERSTSETZTENDIESCHREIBEREINFACHEINENBUCHST ABENNEBENDENANDERENOHNEDIEWORTGRENZENODERSATZ ENDENZUMARKIERENAMZEILENENDEWURDEABGEBROCHEN UNDAUFDERNÄCHSTENZEILEFORTGESETZT

> (2) Solche Texte waren nicht leicht zu lesen. Deshalb wurden später durch Punkte in halber Zeilenhöhe bzw. durch Zwischenräume die einzelnen Wörter kenntlich gemacht. Am Zeilenende trennte man nach Sprechpausen. Allmählich bildeten sich verbindliche Worttrennungsregeln heraus.

> (3) Wer heute mit dem PC schreibt, überlässt die Zeilengestaltung meist dem Computerprogramm. Aber überall dort, wo Informationen platzsparend und leserfreundlich zu vermitteln sind, werden Wörter am Zeilenende noch immer getrennt.
>
> Da das Silbentrennungsprogramm ganz formal arbeitet, finden sich in den Zeitungen mitunter merkwürdige, beim ersten Lesen meist nicht zu verstehende Trennungen: Computerf- reaks zum Beispiel.

2 Die folgenden Beispiele geben dir einen Überblick darüber, wie wichtige Fälle der Worttrennung heute geregelt sind. Notiere zu jeder Regel weitere Beispiele.

Regeln zur Worttrennung	Beispiele
1. Ein einzelner Konsonant zwischen Vokalen kommt bei Silbentrennung auf die neue Zeile.	Re-gel, spä-ter,
2. Mehrsilbige einfache Wörter trennt man nach Sprechsilben.	Sil-be, Wör-ter,
3. Die Konsonantenverbindungen *ch*, *ck* und *sch* bleiben ungetrennt.	spre-chen, zwi-schen,
4. Zusammengesetzte Wörter werden nach ihren Bestandteilen getrennt.	Hand-schrift, Wort-grenze,
5. *st* darf getrennt werden.	Kas-ten, schöns-te,
6. In Fremdwörtern können Konsonantengruppen ungetrennt bleiben.	Hek-tar / Hekt-ar,

Abkürzungen und Kurzwörter
→ SB S. 164–167

Tipps: Was du dir bei Abkürzungen und Kurzwörtern einprägen musst

Abkürzungen werden vorwiegend in der geschriebenen Sprache verwendet, Kurzwörter werden sowohl gesprochen als auch geschrieben.

Mit einem Punkt gekennzeichnet werden
Abkürzungen, die aber in vollem Wortlaut gesprochen werden, wie:
z. B. *(zum Beispiel)*, Abs. *(Absender)*, o. Ä. *(oder Ähnliches)*.

Ohne Punkt gekennzeichnet werden
technische und naturwissenschaftliche Abkürzungen wie: CO_2, m^3;
Kurzwörter / Buchstabenwörter wie: *CD, DJ, SMS, TV, PR;*
Kurzwörter / Silbenwörter wie: *Pop, Foto, Motel.*

---

1 Ordne folgende Kurzformen in die Tabelle ein. Schreibe die jeweilige Vollform in Klammern dazu.

Tipp: Ein Wörterbuch oder die Internetseite http://www.abkuerzungen.de helfen dabei.

Alu   Dia   allg.   CDU   Jg.   Kat m^2 NaCl   bzw.   a. a. O.   LKW   ph   Fe

NOK   s.   Trafo   zz.   EU   Teenie   Abs.   Krimi

Abkürzungen, die im vollen Wortlaut gesprochen werden	technische und naturwissenschaftliche Abkürzungen	Silbenwörter	Buchstabenwörter
a. a. O. (am an…			

2 Kennst du diese Chat-Kürzel? Sie und andere sind im Internet unter dem Suchbegriff „Chat-Kürzel" zu finden.
Informiere dich. Tauscht eure Ergebnisse im Anschluss daran aus.

2l8   g   grummel   np   f2f   thx

Fremdwörter

 SB S. 168–177

1a Diese Fremdwörter stammen aus dem Showbereich. Sicher hast du sie alle schon einmal gehört und manche auch selbst verwendet. Sie zu schreiben ist schwieriger.
Versuche die fehlenden Buchstaben richtig zu ergänzen.

! Du solltest ein Rechtschreibwörterbuch zu Hilfe nehmen. Dort erfährst du auch, was die Wörter bedeuten und aus welcher Sprache sie kommen.

Showbu ness

Ag tur, Mana , Bran e, Kuli en, Ba , Produz , Ka iere,

cle r, P stars, O fit, Glam r, Il sionen, Re sseur,

Tonin nieur, Techn er, Spotli ts, Or ster, irtuos, S nd,

Pl ba , E ekte, li e, Pu kum, A laus, intens , to al,

Quo , su er, trem

b Viele der Begriffe stammen aus dem Englischen bzw. Amerikanischen, einige aus dem Französischen. Ordne die Wörter nach ihrer Herkunft. Füge jeweils noch einige hinzu.

Fremdwörter aus dem Englischen	Fremdwörter aus dem Französischen

2 Schreibe aus dem folgenden Text die Fremdwörter heraus und kläre ihre Bedeutung. Nutze ein Fremdwörterbuch. Ergänze möglichst je ein sinnverwandtes Wort.

Ohne Werbung und ohne Fremdwörter geht heute anscheinend nichts mehr. Durch Werbung wird das Kaufverhalten manipuliert. Psychologisch gut durchdachte Werbespots animieren zum Kauf von Produkten für die unterschiedlichsten Lebensbereiche. Dabei werden die visuellen Typen unter uns genauso angesprochen wie die akustischen. Plakate reizen durch Größe und Schlagzeilen, Slogans prägen sich dem Gedächtnis ein, Inserate überfluten uns regelrecht und Songs werden zu Ohrwürmern. Dem Konsumenten wird ständig suggeriert, dass er modern und „in" ist, wenn er dieses und jenes Produkt kauft. Außerdem wird ihm Schönheit, Anerkennung, Vollkommenheit versprochen. Und wer möchte nicht total super sein?

Beispiel manipuliert – beeinflussen, die Manipulation

_____

_____

_____

_____

3 a Welche Bedeutung haben diese Wortbestandteile? Schlage nach und schreibe die Bedeutung jeweils darunter.

auto-	trans-	ego-	ex-	aqua-	mikro-

_____   _____   _____   _____   _____   _____

b Setze die Wortbestandteile richtig ein. Achte auf die richtige Groß- und Kleinschreibung.

auto	matisch	–	Automatik _____
	skop	–	_____
	formator	–	_____
	ismus	–	_____
	rell	–	_____
	port	–	_____

c Leite von jedem Fremdwort sinnverwandte Wörter ab und schreibe sie daneben.

4 Versuche die beiden Rätsel zu lösen. Die Fremdwörter, die du einsetzen sollst, haben folgende Bedeutungen:

- Flugkörper
- Ware; Aufsatz; Geschlechtswort
- Erzeugnis
- kleines Lebewesen
- Berührung, Verbindung
- sportliche Höchstleistung

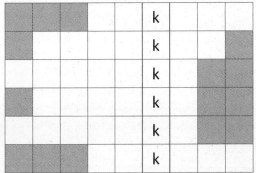

- erfolgreiches Wiederauftreten
- Mut
- gepolsterte Liege
- französischer Weichkäse
- elektronische Rechenanlage
- Pilotenkabine/Fahrersitz

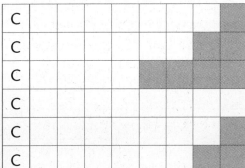

				k			
				k			
				k			
				k			
				k			
				k			

C					
C					
C					
C					
C					
C					

5 Doppelkonsonanten in Fremdwörtern
Setze die richtigen Begriffe mit den Buchstaben *kk, ll, pp, tt* ein. Von oben nach unten gelesen ergeben die Anfangsbuchstaben ein weiteres Fremdwort. Schreibe es auf.

4. Fall	K	K					
Gehalt nach Abzug aller Kosten		T	T				
ärztliche Bescheinigung	T	T					
Armeekrankenhaus						T	T
Erzeugnis aus Meißen					L	L	
glückliches Ende		P	P				
Beifall	P	P					
dramatisches Gedicht		L	L				
Aufschrift / Aufkleber					T	T	
Übersicht von Zahlen usw. in Spalten				L	L		

Lösungswort: _____

6 Fremdwörter mit *ph, th, rh*. Löse das Treppenrätsel.

P	H					
T	H					
R	H					
T	H					
		P	H			
R	H					
R	H					
				P	H	
R	H					

Maßeinheit der Lautstärke

Behauptung

Gelenkentzündung

Gegenteil von Praxis

Buchstabenfolge

Gartenpflanze / saures Kompott

Nashorn

Unglück

schöne Zierpflanze, in Parks anzutreffen

7a Markiere in den Aufgaben 1 bis 6 fünfzehn Fremdwörter.
Präge sie dir ein, decke sie dann ab und schreibe sie aus dem Gedächtnis hier auf.

_____

_____

_____

_____

b Kontrolliere: Hast du alle Wörter richtig geschrieben?